BISTRO ANIMESHI

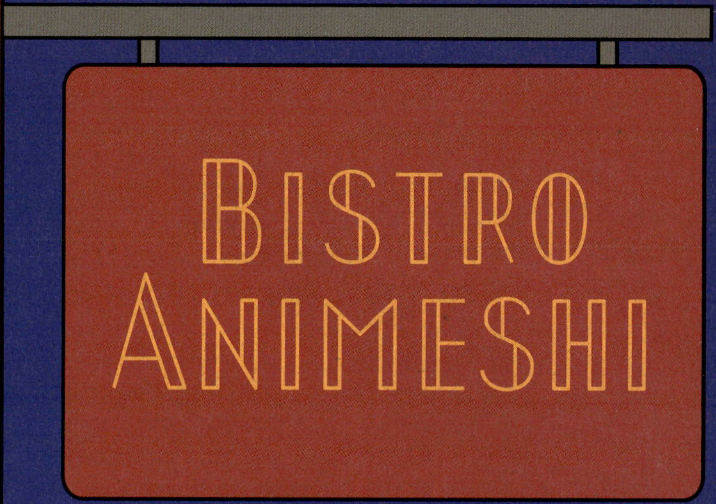

ビストロ・アニメシのレシピブック

あのアニメの料理が作れる!

土谷未希

スモール出版

Open!

はじめに

ビストロ・アニメシの世界にようこそ。

当店では、アニメに登場する食べ物を独自に再現し、お客様にご提供しております。アニメの世界だけの架空の食材も料理も、当店にお任せあれ。まるで魔法にかけたように再現して、ひとときの夢をご提供致します。

今回は、お客様への日頃の感謝の気持ちを込めたプレゼント。自慢のメニューから人気のものを抜粋し、ご家庭で楽しんで頂けるレシピ本をご用意させて頂きました。

レシピは初心者の方でも分かりやすいようにアレンジしておりますので、ご安心下さい。
ご自分で作った「アニメシ」は、出来上がりも一層美味しく感じられるに違いありません。

レシピの他、読み物としても楽しんで頂けるようにコラムもご用意させて頂きました。どうぞ余すところなく、存分にお楽しみ頂ければ幸いです。

Menu

もくじ

06 アニメシって何？ ／ 08 本書の楽しみ方

第1章 肉料理 アニメシの王道は、ガッツリ＆ジューシィ！

10 ぷりぷりハートのオムライス ………… from「Rozen Maiden」
12 マンモスの肉 ………… from「はじめ人間ギャートルズ」
14 水水肉 ………… from「ONE PIECE」
16 ターニャのペリメニ ………… from「のだめカンタービレ」
18 ブフ・ブルギィニョン ………… from「のだめカンタービレ」
20 麻婆煮込みハンバーグ ………… from「のだめカンタービレ」
22 シータのビーフ&エールシチュー ………… from「天空の城ラピュタ」
24 赤べこの牛鍋 ………… from「るろうに剣心」
25 桂ちゃんのハムカツサンド ………… from「花田少年史」
26 アニメシCOLUMN 01 調理器具展覧

第2章 魚介料理 海の香りで作品の世界を堪能

28 ニシンとかぼちゃの包み焼き ………… from「魔女の宅急便」
30 バラティエのまかないピラフ ………… from「ONE PIECE」
32 おからずし ………… from「僕の一生はゲゲゲの楽園だ」
34 ピッコロ社のペスカトーレ ………… from「紅の豚」
36 サツキちゃんの手作り弁当 ………… from「となりのトトロ」
38 しらすトースト ………… from「海街diary」
40 アニメシCOLUMN 02 魔法使いの弟子

第3章 麺料理 元気よく頬張るのも、しんみり啜るのも美味しい

42 ラーメンの麺を作ろう
44 綾波レイのニンニクラーメン チャーシュー抜き ………… from「新世紀エヴァンゲリオン」

46　一楽のラーメン …… from「NARUTO」
48　村さ黄の沖縄そば …… from「エウレカセブンAO」
50　パスタ麺を作ろう
52　ミートボールスパゲティ …… from「ルパン三世カリオストロの城」
54　ベルメールさんのみかんナポリタン …… from「ONE PIECE」
55　ミレリーゲ・アラ・パンナ・コン・イ・ブロッコリ …… from「のだめカンタービレ」
56　うどんの麺を作ろう
58　おじいさんの鍋焼きうどん …… from「耳をすませば」
60　アニメシCOLUMN 03　麺料理、骨の髄まで

第4章 その他の料理　パイにカレー、お弁当……なんでもござれ

62　実寸アンパンマン …… from「それいけ！アンパンマン」
64　姉さんのスープ …… from「銀河鉄道の夜」
66　ハイジの白パン …… from「アルプスの少女ハイジ」
68　グレイシアさんお手製ホウレン草のキッシュ …… from「鋼の錬金術師」
70　響子さんの揚げレバニラあんかけ …… from「めぞん一刻」
72　豆のエストファード …… from「のだめカンタービレ」
74　茄子のアサディジョ漬け …… from「茄子 アンダルシアの夏」
75　おソノさんのミルク粥 …… from「魔女の宅急便」
76　にんじんステーキ …… from「ウサビッチ」
77　JIBULI NO HOT KIKI …… from「魔女の宅急便」
78　アニメシCOLUMN 04　舞台裏

第5章 デザート・菓子　おやつの時間が待ち遠しくなる！

80　キレネンコのキャロットケーキ …… from「ウサビッチ」
82　冷やし白玉シロップ …… from「3月のライオン」
84　銭婆謹製紅茶のバタークリームケーキ …… from「千と千尋の神隠し」
86　育子ママのレモンパイ …… from「美少女戦士セーラームーン」
88　キキのためのチョコレートケーキ …… from「魔女の宅急便」
90　レトロケーキ・シベリア …… from「風立ちぬ」
92　アニメシCOLUMN 05　スタッフが美味しく頂きました　／　93　おわりに

?

アニメシって何？

ANIME

+

MESHI

=

ANIMESHI

「アニメ」+「メシ」=「アニメシ」。
アニメシとは、アニメの中に登場する食べ物を指す造語です。
*

大食漢な主人公が、山盛りのごちそうをガツガツと平らげたり、原始人が骨付きの丸々としたお肉にかぶりついたり……。
誰しもひとつは、印象に残っているアニメの食事シーンを思い浮かべることが出来るのではないでしょうか。
実際の食べ物を「これでもか！」と美味しそうに魅せるアニメシや、アニメ独特のこの世にはない食材を用い、「どんな味がするのだろう」と想像力をかきたてるアニメシなど、アニメシの魅力は観る人の数だけ、作品の数だけ様々です。

二次元のキャラクターたちは、食事という生命活動を営むシーンによって、人間味を帯びます。それならば、彼らと同じ食べ物を食べることで、より一層作品を楽しむことが出来るのではないでしょうか。
食べてみたいけれど、レシピがある訳でもないので作れないし、お店がある訳でもないから食べられない……そんなもどかしさがあるアニメシ。
この不可能を可能にしてくれるお店があったら、どんなに楽しいでしょう。

本書のきっかけとなったブログ「ビストロ・アニメシ」は、そんな思いから始まりました。
材料も分からないアニメシを、現実のものにする不思議議なビストロ。
ブログをスタートした当初は、料理も写真の技術も、ビストロと名乗るにはお恥ずかしい稚拙なものでした。
しかし、続けていくうちに多くの調理法を学び、写真の技術もちょっぴり向上。美味しいメニューも増えました。

アニメシは作ることも食べることも、楽しむのが一番。
本書では、ブログのレシピを改良してより作りやすいものをご紹介しています。気軽に作れるレシピを取り揃えておりますので、この機会に是非アニメの世界を舌で味わってみて下さい。

Appetizer

本書の楽しみ方

本書のアニメシは作って食べるだけでも十分楽しめます。
でもどうせなら、友達、家族、恋人、アニメが好きな仲間と作って食べれば、もっと楽しくなるはずです。
そんな大切な人が集まった時に「アニメシ作ってみない？ 食べてみない？」と誘って、素敵な時間を過ごして下さい。
みんなでアニメシを楽しんだ時、絆が強くなるのと同時にアニメへの愛、造詣も深まることでしょう。

＊

アニメシをもっと楽しむ5カ条

＊

1. 笑顔で作って笑顔で食べる。失敗しても大丈夫。著者もたまに失敗していますが、その時も笑顔で楽しみます。

2. 作品を観ながら食べる。作った料理が登場するアニメのシーンを観ながら食べれば、あのキャラと一緒に食事をしている気分になれます。

3. キャラになりきって作ってみる。好きなあのアニメのあの料理を作るなら、そのアニメキャラになったつもりで、決め台詞や決めポーズを取りながら作ってみる。

4. キャラになりきって食べる。食べた料理の感想を、アニメキャラの物まねで語り合う。

5. コスプレをしてアニメのシーンを再現してみる。作った料理をコスプレして食べれば、あの名シーンが再現できます。

1

Bistro
ANIMESHI

第1章　肉料理

アニメシの王道は、ガッツリ＆ジューシィ！

ぷりぷりハートのオムライス

from Rozen Maiden

隠し玉のミートボールがポイント！
ケチャップ味のミートボールは、味の馴染みが良いです。
ころころ小ぶりに作って、いっぱい詰めましょう。

材料　2人分

ⓐ豚挽肉 …… 50g
ⓐパン粉 …… 大さじ1
ⓐ牛乳 …… 大さじ1
ⓐケチャップ …… 15g
ⓐウスターソース …… 小さじ1
ⓐコンソメスープ …… 30cc
ⓐ塩・こしょう …… 適量

ⓑ鶏もも肉 …… 200g
ⓑハム …… 1枚
ⓑタマネギ …… 1/4個
ⓑご飯 …… 2膳分
ⓑケチャップ …… 大さじ2
ⓑバター …… 5片（1片5g目安）
ⓑ塩・こしょう …… 少々

ⓒ卵 …… 6個（1人分3個）
ⓓケチャップ …… 50g
ⓓ醤油 …… 小さじ2
ⓓ水 …… 大さじ2

作り方

1. ミートボールを作る

ボウルにⓐの豚挽肉、パン粉、牛乳、塩・こしょうを入れてこねます。 粘りが出たら、タネをスプーンで一口大ずつ取って丸めます。フライパンにサラダ油（分量外）を熱し、ミートボールを色が変わるまで炒めます。ⓐのケチャップ、ウスターソース、コンソメスープを加え、煮詰めます。

2. チキンライスを作る

ⓑの鶏もも肉をフライパンで皮を下にして中火で7〜8分焼き、皮から脂を出します。鶏もも肉を取り出し、鶏もも肉から出た脂にバター1片を加えタマネギを炒めます。ハムを加え、火が通ったら一口大に刻んだ鶏もも肉とご飯、ⓑのケチャップを加えます。木べらで割りほぐすように混ぜ、塩こしょうをして味を整えます。

3. 型を取る

出来上がったチキンライスをハート形の型に入れます。ミートボールを中央に入れ、木べらで全体を押し固め、皿に返します。

4. ソースを作る

ⓓの材料を全て混ぜます。鍋で沸騰させ、ソースの出来上がりです。

5. 卵を焼く

ⓒの卵1人分（3個）をボウルに割り入れ、かき混ぜます。熱したフライパンにⓑのバターを1人分2片入れ、強火にして卵を一気に流し込みます。箸で混ぜながらフライパンを揺り動かし、全体が固まってきたら火を止めます。焼けた卵をチキンライスの上にひっくり返し、形を整えて出来上がり。

Point

❶付け合わせには、ボイルしたニンジン、サヤエンドウ、コーンを。

マンモスの肉

from はじめ人間ギャートルズ

アニメの食べ物の代表格といえばコレ！
切り分ける前にかぶりつきたくなっちゃいます。
祝い事のメインディッシュに。

材料　1個分

- ⓐ牛ブロック肉……500～600g
- ⓐニンニク(すりおろし)‥2片分
- ⓐ塩・こしょう……適量
- ⓑタマネギ……1玉
- ⓑセロリ(茎の白い部分)‥1本
- ⓑニンジン……小1本
- ⓑ赤ワイン……50cc
- ⓑ水……300cc
- ⓑコンソメ……小さじ1
- ⓑ塩・こしょう……適量
- ⓒ骨(オーブン粘土で作成)‥2本
- ⓒタコ糸……適量
- ⓒ針……1本
- ⓒアルミホイル……適量

作り方

1. 小道具の準備をする

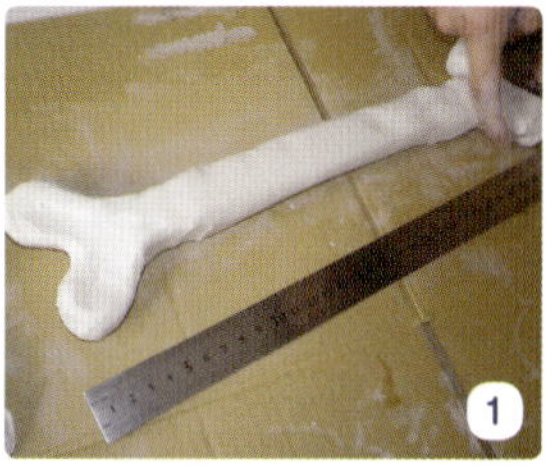

小道具の準備をする骨の部分は、オーブン粘土を用いて作ります。成形した骨を指定された時間オーブンで焼いて出来上がり。または、豚のゲンコツをお肉屋さんで購入したり、陶器のすり棒で代用する方法があります。

2. 下準備をする

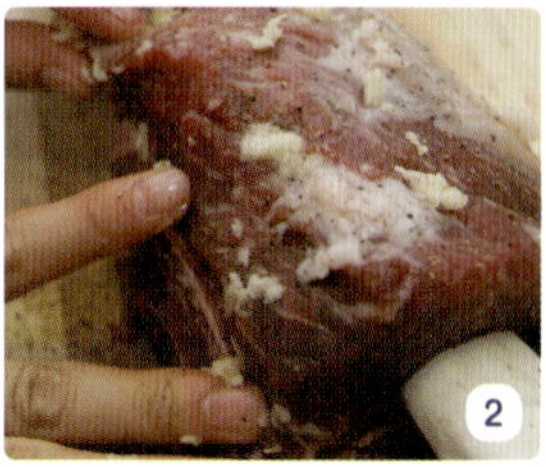

ⓑの野菜を、全て薄くスライスします。ⓐの牛肉は焼く30分以上前に冷蔵庫から出し、常温に戻します。オーブンは250℃に余熱しておきます。ⓐのすりおろしたニンニクとこしょうを牛肉によく擦り込みます。

3. 成形をする

骨が入るように、牛肉に切り込みを入れます。牛肉を骨に巻き付け、合わせ目をタコ糸で縫い付けます。タコ糸用の針がない場合は、牛肉にタコ糸を巻き付けて最後に結んで下さい。牛肉の真ん中にくびれができるように巻き付けると、より雰囲気が出ます。

4. ローストする

オーブンの天板の上にアルミホイルを敷きつめ、ⓑの野菜をまんべんなく散らします。その上に牛肉をのせ、ⓐの塩をまぶして250℃で10分ローストします。10分経過したら、今度はオーブンを100℃にして70～80分ローストします。30～40分経過した時に、一度オーブンを開けて牛肉を裏返して下さい。

5. 仕上げる

焼けた牛肉はアルミホイルに包み30分～1時間寝かせます。焼いたⓑの野菜を鍋に入れ、赤ワインと水を加え30分ほど煮詰めます。ⓑのコンソメと塩こしょうで味を整え、野菜を濾したらソースの完成。アルミホイルから牛肉を取り出し、ソースをかけて出来上がり。

Point

❶牛ブロック肉の部位はサーロイン、リブロース、モモ（ランプ）のいずれかを使用して下さい。
❷ベビーリーフを敷いた皿に盛り付けるとワイルド感アップ！
❸焼く温度、熟成させる時間をしっかり守ると、内側が綺麗なピンク色のローストビーフが出来上がります。

水水肉

from ONE PIECE

ウォーターセブン編に登場する、不思議な料理。
プルプルと瑞々しい姿は、夏にピッタリの涼しげな一品。
冷やして食べる、新食感の肉料理です。

材料 1個分

鶏もも肉（皮をはがす）‥‥ 2枚
ベーコン
‥‥ 1～2枚（1枚20g目安）
はがした鶏皮‥‥‥ 2枚分
タマネギ‥‥‥ 1/4玉
卵‥‥‥ 1/2個
コンソメ‥‥‥ 小さじ2
オリーブオイル‥‥‥ 少々
パン粉‥‥‥ 10g
白ワイン‥‥‥ 100cc
水‥‥‥ 200cc
ゼラチン‥‥‥ 5g
お湯‥‥‥ 10cc
ローリエ‥‥‥ 1枚
ローズマリー‥‥‥ 1つまみ
塩・こしょう‥‥‥ 適量
ナツメグ‥‥‥ 適量
針‥‥‥ 1本
タコ糸‥‥‥ 適量
ジッパー袋‥‥‥ 1枚

作り方

1. 材料を切る

タマネギはみじん切りにし、オリーブオイルを熱したフライパンで炒めます。鶏肉は皮と身をはがしておきます。身の部分は包丁で粗くミンチにします。ベーコンはたんざく切りにします。

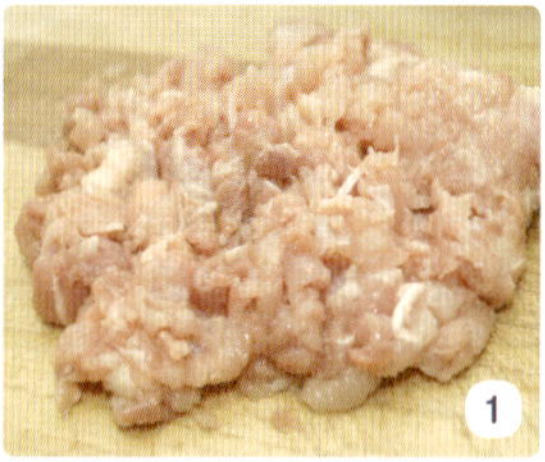

2. タネを作る

ボウルにミンチにした鶏肉、ベーコン、タマネギ、とき卵、パン粉を加えます。塩・こしょう・ナツメグを加え、粘りが出るまでよくこねます。

3. 成形する

鶏皮を1枚広げ、その上にタネを乗せます。タネの上からもう1枚の鶏皮を被せ、端を針とタコ糸で縫い合わせます。縫い始めの角をタコ糸でぐるぐる巻きにして縛り、糸を結びます。

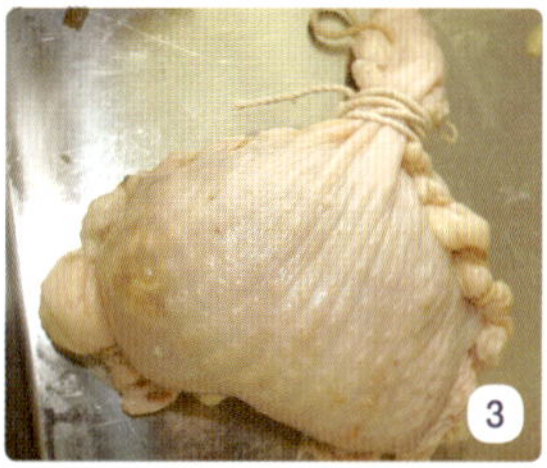

4. 煮る

鍋にタネを詰めた鶏皮を入れ、白ワインと水を注ぎ火にかけます。沸騰したら、小さじ1(全体の半量)のコンソメ、ローリエ、ローズマリーを加えて中火で10分煮ます。火を止めたら粗熱をとります。

5. 冷やし固める

残りのコンソメ小さじ1とゼラチンをお湯で溶かし、ジッパー袋に注ぎます。成形した肉をその中に入れ、冷ましてから冷蔵庫に入れて固めます。おこのみでレモンを添えて、出来上がり。

Point

❶ゼリー部分が、硬めが良い場合はゼラチン10g、ゆるめが良い場合は5gが目安です。

❷ベーコンの代わりにウィンナーやハムなどの加工肉を入れても美味しく召し上がれます。

❸ゼラチンを固める時に小鍋など深さのある容器にジッパー袋を立てかけた状態で冷やすと仕上がりが綺麗です。

ターニャのペリメニ
from のだめカンタービレ

ロシアでよく食べられるペリメニ、ルーツは餃子ですが、
味も見た目も日本で慣れ親しんでいるものとは違います。
独特な包み方は意外と簡単なので、是非チャレンジを。

材料　25個分

ⓐ強力粉……300g
ⓐ卵……Sサイズ2個
ⓐ水……50cc
ⓐ塩……小さじ1
ⓑ牛豚合い挽肉……150g
ⓑタマネギ……1/2玉
ⓑローリエ……1～2枚
ⓑコンソメスープ……水150ccと顆粒コンソメ小さじ1
ⓑ塩・こしょう……適量
ⓑナツメグ……適量
ⓑコリアンダー……適量
ⓑディル……適量

作り方

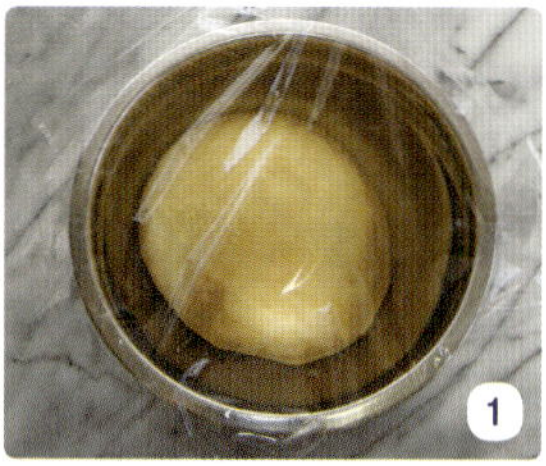

1. 生地を混ぜる

ボウルにⓐの強力粉と塩を混ぜ入れ、真ん中にくぼみを作ります。くぼみに卵と水を入れ､くぼみの周りを崩すようにして徐々に混ぜ合わせていきます。打ち粉（分量外）をまぶしたまな板に移してよくこね、ボウルに戻しラップをして1時間置きます。

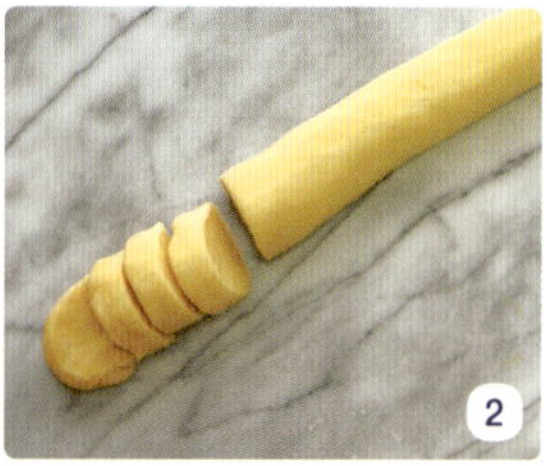

2. 生地を伸ばす

生地を直径3cm位の棒状に伸ばします。伸ばし終えた生地を、厚さ1～2cmに切り分けていきます。切り分けた生地を一つ一つ麺棒で丸く薄く伸ばします。直径7cm目安です。出来上がった生地は、それぞれくっつかないように打ち粉をまぶします。

3. 具を作る

タマネギを細かくみじん切りにします。合い挽き肉と一緒にボウルに入れ、ⓑの塩、こしょう、ナツメグ、コリアンダーを加えて混ぜ合わせます。

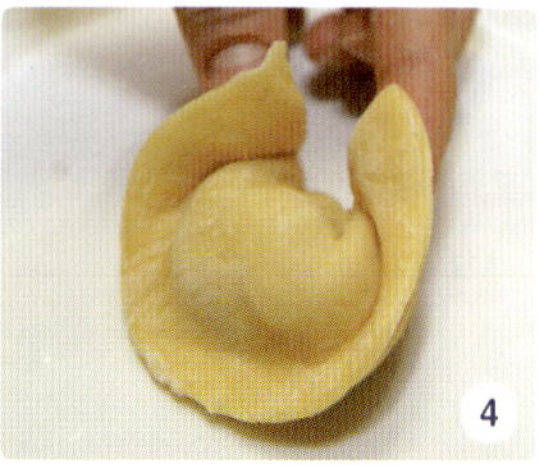

4. 具を詰める

皮の真ん中に丸めた具をのせ、縁を水で湿らせ半月状になるように貼り合わせて両端をつなげます。生地の両端を合わせ、重なった部分を指でぎゅっと貼り合わせます。包み終えたものから、打ち粉をしてお皿にのせていきます。

5. 茹でる

鍋いっぱいにお湯をはり、ローリエを入れ、塩（分量外）を適量入れます。沸騰したお湯に包んだペリメニを一つずつ入れます。軽く混ぜながらペリメニが浮かんでくるまで、強火で4～6分茹でます。お湯を切ってお皿に盛り付け、温めたコンソメスープを注いでディルをふって出来上がり。

Point

❶生地を作る時間がない時は、餃子の皮で代用できます。厚みのある水餃子用がオススメ。
❷打ち粉は小麦粉、片栗粉、コーンスターチのいずれかを使用して下さい。
❸コンソメスープの他、サワークリームをディップしたり、溶かしバターでも美味しく頂けます。茹でずに焼くのも、また美味しい！

ブフ・ブルギィニョン

from のだめカンタービレ

のだめの為に、千秋先輩が作ってくれた煮込み料理。
千秋先輩流は、ボイルした芽キャベツの甘みがアクセント。
ゆっくりじっくり煮込むのが美味しさの秘訣です。

材料　3～4人分

牛スネ肉……400～500g
タマネギ……1玉
ニンジン……1本
セロリ……1/2本
ニンニク……6片
芽キャベツ……6～8個
マッシュルーム……4～6個
トマト缶……1/2缶
赤ワイン……1本
ブイヨン（顆粒コンソメに代用可）……4個（16g）
水……800cc
バター……10g
ハチミツ……大さじ1
ブーケガルニ……1袋
薄力粉……適量
オリーブオイル……適量
塩……適量
ジッパー袋……1枚

作り方

1. 下準備をする

牛肉は一口大に切ります。煮崩れるので、少し大きめに。タマネギ、ニンジン、セロリはざく切りにします。ジッパー袋に牛肉とタマネギ、ニンジン、セロリ、付け根をカットしたニンニクと赤ワインを加えて冷蔵庫で一晩マリネします。

2. 分ける

ワインの水気を切りながら牛肉と野菜に分けます。この時、ワインは捨てずに鍋に入れて煮つめます。弱火でじっくりと、半量以下になるまで煮つめて下さい。

3. 炒める

フライパンにオリーブオイルとバターを熱し、マリネしたニンニクを炒めます。牛肉の表面のワインを丁寧に拭き取り、薄力粉を薄くまぶして両面をこんがり焼きます。別の鍋にオリーブオイルを熱し、マリネした野菜をじっくり炒めます。

4. 煮込む

野菜を炒めた鍋に牛肉とニンニクを加えます。鍋にブイヨンと水を加え、弱火でアクをとりながら煮ます。トマト缶、ブーケガルニ、塩、ハチミツを加え、弱火で牛肉が柔らかくなるまで2～3時間コトコト煮ます。野菜は煮崩れる前に取り出します。

5. 仕上げる

牛肉が柔らかくなったら火を止め、別の容器に牛肉とブーケガルニを移します。再び火を入れ沸騰してきたらボイルした芽キャベツとマッシュルームを鍋に加えます。再沸騰したら取り出した野菜と牛肉を加えて出来上がり。

Point

❶牛肉はスネやバラなど、煮込みに適した部位を選んで下さい。

❷ブーケガルニはタイムやローズマリー、ローリエなど、ハーブ単体の代用も可です。

❸スライスしたフランスパンを添えて、最後にはブフ･ブルギィニョンをパンにディップして召し上がれ。

麻婆煮込みハンバーグ

from のだめカンタービレ

オールジャンルの料理を提供する中華料理店「裏軒」の
新メニューは、学生御用達、ボリューム満点の一品！
中華なハンバーグは、山椒をきかせるのがポイントです。

材料　2人分

ⓐ豚挽肉……200g
ⓐタマネギ……1/2個
ⓐパン粉……50g
ⓐ牛乳……50cc
ⓐゴマ油……大さじ1
ⓐ味噌……大さじ1
ⓐ卵……1個
ⓐ山椒……適量
ⓐ塩・こしょう……適量
ⓑ木綿豆腐……1丁
ⓑ醤油……大さじ2
ⓑ酒……大さじ2
ⓑ鶏がらスープの素‥大さじ1
ⓑ砂糖……小さじ1
ⓑ水……300cc
ⓑ豆板醤……大さじ1
ⓑ甜麺醤……大さじ1
ⓑニンニク……1片
ⓑショウガ……1片
ⓑ万能ネギ……適量
ⓑラー油……大さじ1
ⓑ山椒……適量
ⓑ水溶き片栗粉……
片栗粉大さじ1、水大さじ3

作り方

1. ハンバーグを作る

パン粉を牛乳に浸し、ⓐのゴマ油以外の全ての材料をボウルに入れます。粘り気が出るまで混ぜ、タネを二つに分けて小判型に成形します。手ではたいて空気抜きをし、タネの真ん中に指でくぼみをつけます。

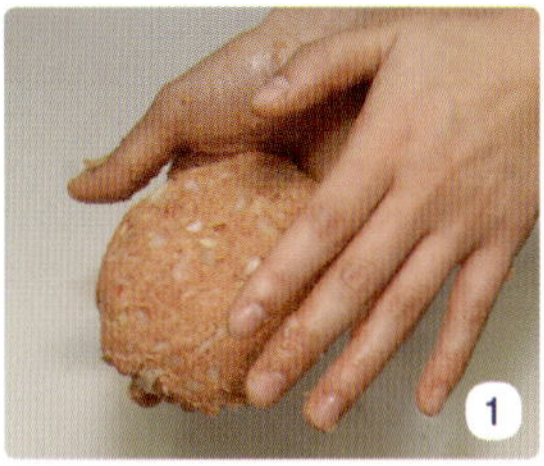

2. ハンバーグを焼く

ゴマ油をフライパンに熱し、ハンバーグの両面を中火でこんがりと焼いて取り出します。ハンバーグは焼いた後に煮込むので、表面が焼けていれば問題ありません。ハンバーグを焼いたフライパンは洗わず、続けて使います。

3. 香りを出す

ハンバーグを取り出したフライパンに刻んだニンニクとショウガを入れ、再度火にかけます。豆板醤を加え、香りが立ったら甜麺醤も加えます。

4. 煮込む

ハンバーグを加え、ⓑの醤油、酒、鶏がらスープの素、砂糖、水を加えます。 蓋をして中火でひと煮立ちさせます。

5. 仕上げる

サイコロ状に切った木綿豆腐を加え、3分ほど煮ます。刻んだ万能ネギを加え、水溶き片栗粉でとろみをつけます。最後にラー油と山椒をかけ、出来上がり。

Point

❶ハンバーグは小ぶりに作ったり、パン粉を入れずに煮崩れしやすくすると、豆腐と馴染んで麻婆豆腐に近いものになります。お好みでお試し下さい。
❷ニンニクとショウガが焦げ付きそうな場合は、ゴマ油を足して下さい。
❸水溶き片栗粉は好みによってとろみ加減を調整して下さい。

シータのビーフ＆エールシチュー

from 天空の城ラピュタ

飛行船では水がとても貴重。
皆のお腹を満たす為に水の代わりにビールを使います！
ビールを入れるだけで、ほのかな苦味とコクが生まれます。

材料　4～6人分

牛バラ肉……500g
セロリ……2本
ジャガイモ……3～4個
ニンジン……2本
タマネギ……2個
トマト缶……1缶（400g目安）
エールビール（黒ビールで代用可）…500cc
薄力粉……適量
オリーブオイル……適量
ローリエ……2～3枚
砂糖……小さじ2
塩・こしょう……適量
ナツメグ……適量
シナモン……適量

作り方

1. 牛肉を焼く

牛肉は大きめにぶつ切りし、薄力粉をまぶします。オリーブオイルを熱したフライパンで全面こんがりと焼きます。

2. エールビールを注ぐ

鍋に牛肉を移し、エールビールを注ぎ一煮立ちします。

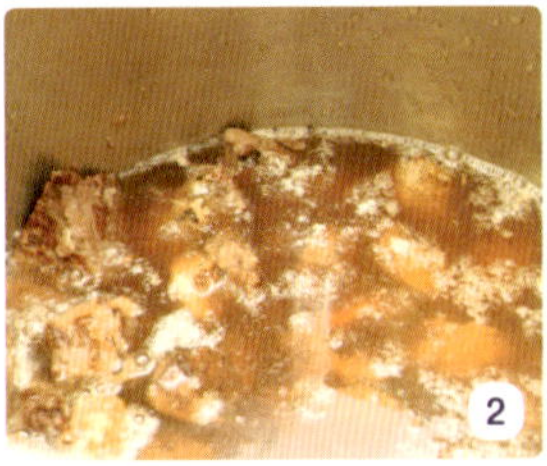

3. 煮込む

鍋にみじん切りしたセロリ、食べやすい大きさにカットしたジャガイモ、ニンジン、タマネギ、トマト缶、ローリエを加えます。具材が柔らかくなるまで弱火で3時間ほど煮込みます。

4. 味付けする

塩・こしょう、砂糖、ナツメグ、シナモンで味を整え、出来上がり。

Point

❶水分が足りない場合は、水を継ぎ足して下さい。
❷牛肉はバラ肉の他、スネ肉などの煮込み用の部位を使用して下さい。

ANIMESHI TAPAS

アニメシオーナーってこんな人。知られざる習性

料理をする時は、そのアニメをエンドレスで再生して気分を上げる。

色んなアニメを見るけれど、魔女っ子が大好き!

ネタ探しと銘打って、時折漫画喫茶に籠城する。

アニメシオーナーは綾波レイのコスプレをして「ニンニクラーメンチャーシュー抜き」を作ったことも。

明治時代は、味噌で煮込む牡丹鍋風。
シンプルで肉本来の味を楽しめます。
現在のすき焼きとは、味も違います！

赤べこの牛鍋

from るろうに剣心

材料　3～4人分

牛ステーキ肉……500g
長ネギ……1本
春菊……1パック
焼き豆腐……1丁
赤味噌……100g
白味噌……大さじ2
砂糖……50g
酒……100cc
卵……3～4個
牛脂……適量

作り方

1. 材料を切る

牛ステーキ肉はぶつ切りにします。長ネギは5等分に切り、春菊は3等分にします。焼き豆腐は適当な大きさに切り分けます。

2. 味噌だれを作る

赤味噌、白味噌、砂糖、酒を混ぜあわせます。

3. 煮始める

鍋を熱して、牛脂を鉄鍋全体に軽く塗り回し、牛肉をのせ、上から味噌だれをかけます。牛肉に味噌だれが絡まるようにしっかり混ぜます。

4. 具を加える

ぐつぐつと煮えたら、長ネギと焼き豆腐を加えてもう一煮立ちさせます。具に火が通ったら、最後に春菊を加えて出来上がり。溶き卵を絡めて召し上がれ。

Point

❶牛ステーキ肉は厚切りを使用しましょう。
❷春菊はすぐ煮えるので、出来上がるぎりぎりに入れます。
❸〆はうどんがオススメ。だし汁を加えて煮ると食べやすいです。

ノスタルジックな昭和のごちそう。
美味しさの秘訣は薄切りハムと、
二度付けした衣。

桂ちゃんのハムカツサンド

from 花田少年史

材料 2人分

ハム……16枚
ⓐ薄力粉……適量
ⓑ薄力粉……50g
ⓑ卵……1個
ⓑ酒……大さじ2
ⓑ水……30cc
パン粉……適量
食パン……2枚（1人1枚）
揚げ油……適量

Point

❶ハムカツは他の揚げ物に比べ薄いので、衣付けを2回することで調度良い厚みになります。
❷おこのみでハムとハムの間に、シソやチーズを入れて揚げても美味しいです。
❸側面が赤いチョップドハムを使うと、より懐かしの味を再現出来ます。

作り方

1. 衣をつける

ハムは2枚重ねて使います。ⓐの薄力粉を両面にまぶします。ⓑの材料を全て混ぜ、薄力粉をまぶしたハムをくぐらせます。パン粉を付けます。

2. 二度付け

パン粉を付けたハムを、もう一度ⓑを混ぜたものの中に入れます。もう一度パン粉を付けます。

3. 揚げる

170℃の油で、カリッとするまで揚げてバットにのせ、油を切ります。食パン1枚に挟み、ウスターソースや醤油など、

COLUMN 01

調理器具展覧

ビストロ・アニメシの調理場は、
時にゆったり、時に戦場と化します。
ここでは、そんな数多の料理を
共に手がけた戦友のご紹介。
あまり一般家庭で見かけないものですが、
一度その性能に惚れ込むと手放せません。

1.
寸胴鍋

ラーメン屋さんでお馴染みの寸胴鍋。豚骨スープや20人分のシチューの煮込みもお手の物！ 高さ28cmの業務用ビッグサイズです。洗うのも一苦労なのが玉にきず。

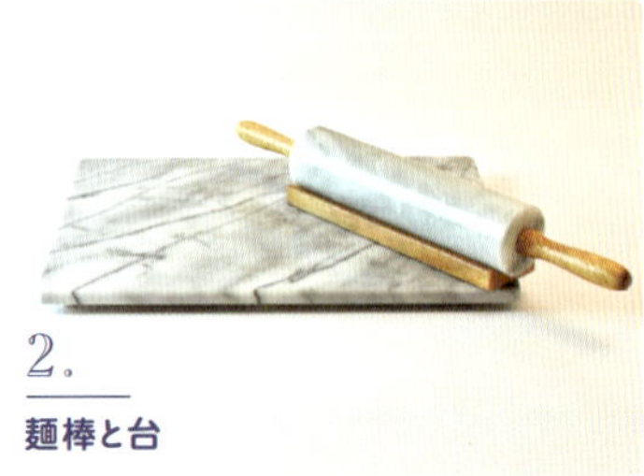

2.
麺棒と台

麺打ちやペリメニ、パン生地作りなど、生地打ちのエキスパート。大理石製は、ひんやりとして生地がベタつきにくいのが特徴です。重いので扱いは慎重に！

3.
パスタマシン

パスタ以外の麺でも何だって作れちゃいます。手ではなかなか大変な作業もコレで安心。手入れは簡単ですが、錆の原因の湿気には要注意。

4.
ダッチオーブン

鋳鉄製の鍋ですが、用途と効果はその名の通り「オーブン」のよう。「焼く、蒸す、煮る、揚げる」、全ての調理法に効果的な「魔法の鍋」。お手入れが必要というデリケートな面も。

5.
燻製器

折りたたみ式のコンパクトな燻製器です。シンプルな作りでも、機能は十分。燻製をより気軽に楽しめます。お手入れも簡単なので、あとは燻製場所を探すのみ！

6.
ワゴン

慌ただしい撮影時、必要なものを手元に置くことが出来るワゴン。調味料の他、複数種類のナイフを設置しています。移動せずに棚と化している問題……？

2

Bistro
ANIMESHI

第2章 魚介料理

海の香りで作品の世界を堪能

ニシンとかぼちゃの包み焼き

from 魔女の宅急便

キキが心を込めて焼いたパイ。
「あたし、このパイ嫌いなのよね」と言わずに、
まずは一度食べてみて。

材料 215×142×40mmのグラタン容器1皿分

ニシン(マイワシに代用可)……1～2尾
ベーコン……1枚程度
タマネギ……1玉
カボチャ……200g
冷凍パイシート……3シート
ブラックオリーブ(レーズンに代用可)……適量
パルメザンチーズ……適量

牛乳……300cc
バター……10g
水……200cc
コンソメ……小さじ2
溶き卵……1個分
薄力粉……大さじ1
塩・こしょう……適量

作り方

1. 下準備をする

タマネギは薄切り、ベーコンは短冊切り、カボチャはさいの目切りにします。ニシンは鱗をとり、3枚におろした身を一口サイズに切り分け牛乳（分量外）にひたします。

2. ニシンをソテーする

牛乳から取り出したニシンをソテーします。両面に焼き色がつくまでフライパンで中火でこんがり炒めます。軽く塩・こしょうを振って取り出しておきます。

3. 炒める

フライパンを綺麗にしてベーコンを入れて熱し、タマネギとカボチャを加えます。タマネギ全体にベーコンの脂を絡めたら、水を注ぎ蓋をして中火で3分ほど加熱します。

4. ソースを作る

バターを加え全体を混ぜたら、一旦火を止め、薄力粉を加え混ぜます。牛乳を加え、とろみが出るまで中火で混ぜます。とろみがついたら、コンソメと塩・こしょうで味を整えます。

5. 飾り付けをする

バター（分量外）を塗った耐熱容器に、ニシン、ソース、ニシンの順番に重ねます。キッチンバサミを用い、パイシートを魚とその縁取りの飾りに切り、具を入れた容器に被せます。縁にブラックオリーブを埋め込みます。

6. 焼く

表面にパルメザンチーズを振りかけ、溶き卵を塗り、250℃に温めたオーブンに入れます。250℃で20分間、様子を見ながら焼いて、出来上がり。

Point

❶パイ生地は練り込まれたバターが溶けると柔らかくなりすぎ、失敗の原因に。スピーディーに取り扱いましょう。

バラティエのまかないピラフ

from ONE PIECE

サンジがぶっきらぼうに差し出すピラフ。
魚介などの具を細かく切ると
「まかない感」がアップします。

材料　2人前

アサリ……150g
茹でタコ……50g
イカ……1/2 杯
エビ……6～8尾
ニンニク……1～2片
タマネギ……1玉
マッシュルーム……50g

米……1合
オリーブオイル
(サラダオイルに代用可)‥小さじ1
白ワイン、水……各100cc
固形ブイヨン(顆粒コンソメに代用可。お湯で溶いておく)……1個
ローリエ……1枚

サフラン(ターメリックパウダーに代用可)……ひとつまみ
塩……小さじ 3/4
こしょう、パセリ‥‥適量
飾り用レモン‥おこのみで

作り方

1. 下準備をする

米はといでザルにあけ、水気を切っておきます。エビは殻をむき背わたをとります。アサリは砂出し、塩出しを済ませ、洗ってザルにあけます。茹でタコはぶつ切り、イカは胴を輪切り、足はぶつ切り、タマネギはみじん切りにします。ニンニクはスライスし、マッシュルームは縦に6等分します。

2. 魚介を蒸す

フライパンにアサリ、白ワインと水の半量を入れて蓋をして蒸し煮します。貝の口が開いたらザルにあけ、残った蒸し汁は別容器に移します。貝の身は殻からはずします。同じ鍋に茹でタコ、イカ、エビ、残りの白ワインと水を入れ、中火にかけます。エビの色が変わったら火を止め、タコ、イカ、エビを取り出し、残った汁は取っておきます。

3. 野菜を炒める

フライパンにオリーブオイルを熱し、ニンニク、タマネギを炒めます。マッシュルームを加え、しんなりするまで炒めたら米を加え、米が透き通るまでよく炒めます。

4. 炊飯する

米が透き通ったら火から外し、炊飯器に入れます。固形ブイヨン、サフラン、2で残った魚介類の煮汁、塩、こしょう、ローリエを加え、普通に炊く時の位置まで水を加えて、スイッチを入れます。炊き上がったら魚介類を加えて全体を混ぜ合わせ、10～15分蒸らします。レモンを添え、パセリを散らして出来上がり。

Point

❶アサリ以外の魚介類は、シーフードミックスで代用可能です。
❷サフランがない場合は、ターメリックパウダーで色付けは代用出来ます。
❸材料を細かく切れば、料理を作る際に出た切れ端感が出て、より「まかない」っぽくなります。

おからずし

from 僕の一生はゲゲゲの楽園だ

作りやすい焼きずしにしてみました。
生で食べるのが難しい鱈も、焼けばおすしの仲間入り。
色々な具との相性を試してみて。

材料　15個分

〆鯖……1/2尾
イカ……刺身用5切れ
塩鱈の切り身……適量
生おから……200g
ⓐショウガ……1片
ⓐ煎りゴマ(白)……大さじ1
ⓐ砂糖……50g
ⓐ酢……50g
ⓐ薄口醤油……小さじ1/4
ⓐ鷹の爪……適量
ⓐ塩……ひとつまみ
ワサビ……適量

作り方

1. 生おからをから煎りする

鍋に生おからを入れ、中火でから煎りします。水分を飛ばし、ふんわりするまで煎ります。

2. すし酢を作る

おからとは別の鍋に、ⓐの材料を全て入れて煮立たせます。

3. 煎ったおからと酢を混ぜる

から煎りしたおからに、煮立てたⓐを加えてよく混ぜます。水分が多い場合は火にかけて水気を飛ばします。火から下ろし、粗熱をとります。

4. すしネタを用意する

イカは皮を剥き、短冊切りにします。イカの表面に格子状に切り込みを入れ、醤油(分量外)を塗ります。鱈、〆鯖は食べやすい大きさに切り、それぞれをグリルし、焼き色をつけます。

5. 握る

おからを俵型に握ります。上にワサビを塗り、イカと、グリルした寿司ネタをのせます。おこのみで醤油をつけて召し上がれ。

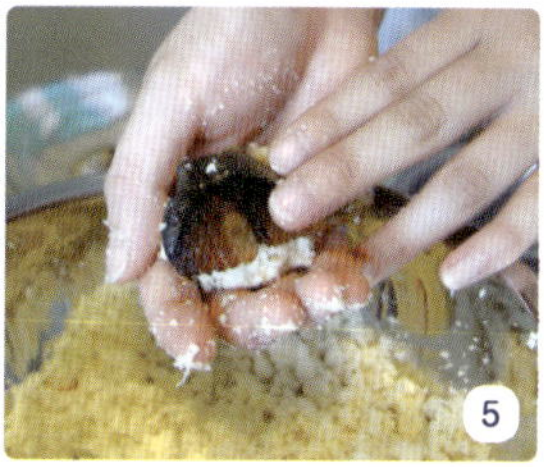

Point

❶おこのみですりおろしショウガや小ネギをのせて下さい。

ピッコロ社のペスカトーレ

from 紅の豚

アドリア海のパスタは、魚介がふんだんです。
海の香りを楽しみましょう。
赤ワインとの相性抜群！ お子様は葡萄ジュースをお供に。

材料　2〜3人分

- スカンピ（有頭の赤エビで代用可）……2〜3匹
- イカ……1杯
- タコ……100g
- アサリ……10個ほど
- トマト缶……1缶
- 白ワイン……100cc
- サフラン……1つまみ
- 水……150cc
- ニンニク……3片
- 鷹の爪……1本
- オリーブオイル……大さじ4〜5
- リングイネパスタ（他のパスタで代用可）……人数分
- 塩・こしょう……適量

作り方

1. 下準備をする

アサリは砂出し、塩出しをし、イカは足とエンペラ、胴体、ワタに分けておきます。タコは一口大に切ります。エビは縦半分に殻ごと切ります。サフランは水に浸します。

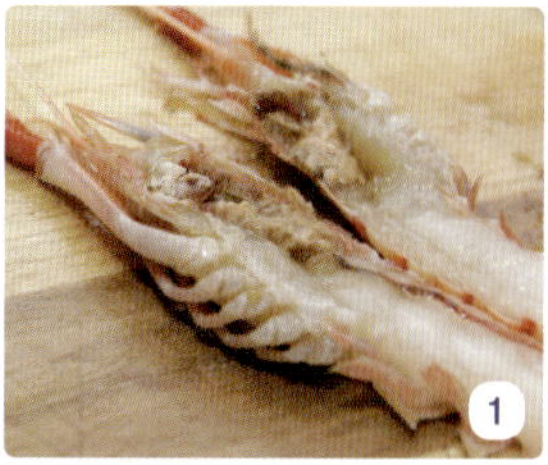

2. 香りを出す

フライパンにオリーブオイルを入れ、スライスしたニンニク、鷹の爪を入れ中火で炒めます。ニンニクの香りが立ったら火を止め、ニンニクと鷹の爪を取り出します。塩(分量外)を大さじ1入れた、大鍋いっぱいのお湯でパスタを茹で始めます。

3. 具を炒める

ニンニクと鷹の爪を取り除いたフライパンを温めなおし、イカ(ワタ以外)、タコ、エビを加え、中火で30秒ほど炒めます。エビは殻付きのまま入れます。

4. 具を蒸し焼きにする

アサリと白ワインを加え蓋をし、蒸し焼きにします。アサリの蓋が開いたら、イカ、タコ、エビを取り出します。トマト缶、サフランを浸した水、イカのワタを加えひと煮立ちさせ、塩・こしょうで味を整えます。

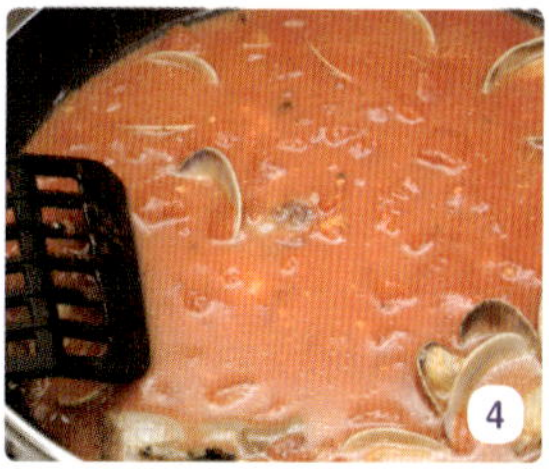

5. パスタにソースを絡める

4のパスタソースに茹で上がったパスタと取り出した具を絡め、出来上がり。ソースの水気が足りない時は、パスタの茹で汁を足して下さい。

Point

❶蒸した具は、取り出しておき、仕上げに加えることで柔らかな食感を楽しめます。

サツキちゃんの手作り弁当

from となりのトトロ

お散歩の後で食べたいお弁当。
素朴な献立ですが、手作りの桜でんぶでご飯が進みます。
ご飯をのり弁にしたり、アレンジも楽しんで。

材料 2人分

塩鱈の切り身……100g
砂糖……小さじ2
酒……小さじ2
昆布……1切れ
食紅……適量
めざし……2尾
ウグイス豆……適量
ご飯……適量
梅干し……2個

作り方

1. 鱈を茹でる

鍋に昆布を入れた湯を沸騰させ、塩鱈の切り身を２分ほど茹でます。

2. 鱈を洗い、ほぐす

茹で上がった塩鱈はガーゼを被せたボウルに入れ、水を入れて浸して身をほぐします。水の濁りがなくなったら水気を切り、ガーゼで絞ります。

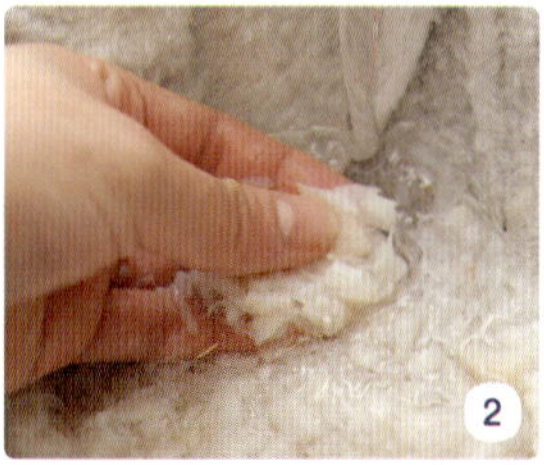

3. 鱈を煎る

鍋に茹で上がった塩鱈を入れ、菜箸でほぐします。酒、砂糖、食紅を加え、中火で煎ります。水気をよく飛ばして、桜でんぶの出来上がり。

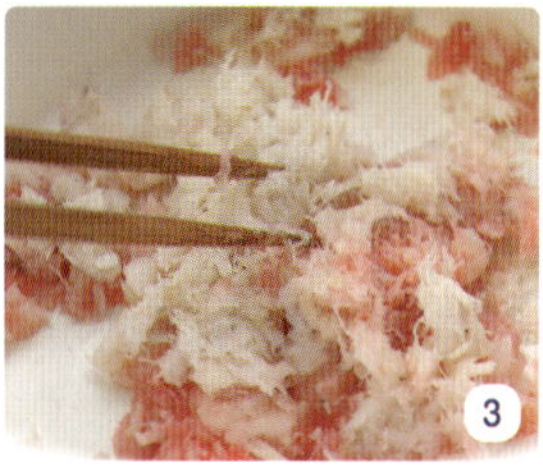

4. お弁当箱に詰める

お弁当箱にご飯を詰め、隙間をあけてウグイス豆も詰めます。真ん中辺りに焼いためざしをのせ、桜でんぶと、梅干しをのせて出来上がり。

Point

❶桜でんぶの味付けは甘さ控えめ。おこのみで砂糖やザラメを加えて下さい。

ANIMESHI TAPAS

季節に合わせたオススメアニメシTOP5：春夏編

【春】

作品の季節が春らしいもの、春に美味しい食材のものはこちらです。

- **1位** サツキちゃんの手作り弁当「となりのトトロ」→36p
- **2位** ミレリーゲ・アラ・パンナ・コン・イ・ブロッコリ「のだめカンタービレ」→55p
- **3位** にんじんステーキ「ウサビッチ」→76p
- **4位** ニシンとかぼちゃの包み焼き「魔女の宅急便」→28p
- **5位** 実寸アンパンマン「それいけ！アンパンマン」→62p

【夏】

特徴は「ガッツリ」か「サッパリ」。その日の気分に合わせてどうぞ。

- **1位** 茄子のアサディジョ漬け「茄子アンダルシアの夏」→74p
- **2位** 水水肉「ONEPIECE」→14p
- **3位** 育子ママのレモンパイ「美少女戦士セーラームーン」→86p
- **4位** 冷やし白玉シロップ「3月のライオン」→82p
- **5位** 村さ黄の沖縄そば「エウレカセブン AO」→48p

※オススメアニメシTOP5・気になる秋冬編は→65ページ

しらすトースト

from 海街diary

鎌倉のカフェで人気の一品。
しらすと海苔をたっぷりのせて、
ジンジャーミルクティーと共に召し上がれ。

材料 1人分

食パン……厚切りを１枚
しらす……適量
刻み海苔……適量
バター……適量

作り方

1. パンにバターを塗る

食パンの一面に、たっぷりとバターを塗ります。

2. しらすをのせる

しらすをたっぷりとのせ、トーストします。

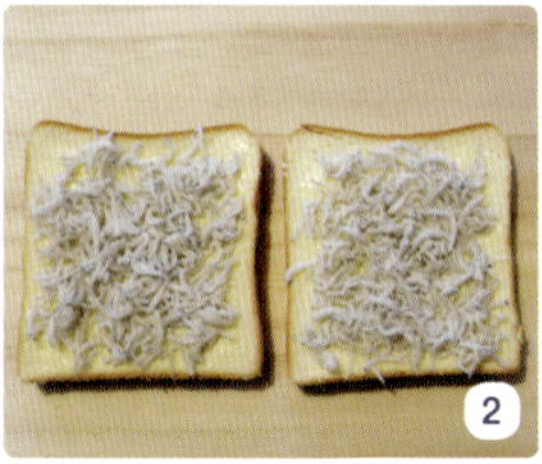

3. 仕上げる

焼き上がったトーストの上に刻み海苔をのせて、出来上がり。

Point

❶バターを塗った後に、スライスチーズをのせてからしらすをのせ、焼いても美味しいです。

ANIMESHI TAPAS

ある日のビストロ

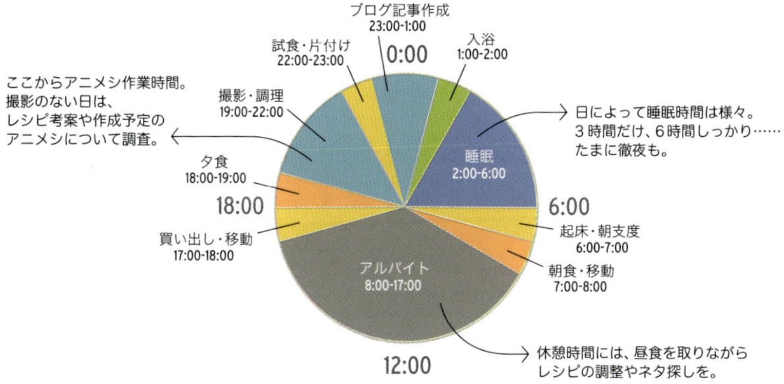

COLUMN 02

魔法使いの弟子

この世のあらゆる人が魔法使いに見えることがあります。

素敵なイラストや音楽の創造、完成度の高い身の回りのものや便利な機械の開発。知識や経験、才能というものは、魔法のように鮮やかで、不思議で仕方ありません。私も何か、そんな魔法が欲しい。でも、何も手に入れることが出来ず終いだと思っていた頃、ビストロ・アニメシの料理を「魔法みたい！」と褒めて下さった方がいました。

私はよく失敗をするので身に余る言葉でしたが、とても嬉しかったのを覚えています。「そうか、料理も魔法になるのか」という発見でした。思い描いた食べ物を、魔法のようにそっくりそのまま生み出すことが出来れば、どんなに良いだろうと何度考えたことでしょう。自分の技術不足のせいで、思い描くものははっきりと頭の中にあるのに、それが思うように出来ない。ほぼ料理初心者からのスタートなので、当然といえば当然のことですが、作品への「こだわり」があるオタクとしては許せない問題に頭を抱えていました。

どうして失敗したのか、どうすれば理想の焼き加減や膨らみになるのか。失敗しては原因解明をしました。

最初は「これでは人様に見せられない」と落ち込みましたが、「どうしてこんな壊滅的な味が出来た!?」という間抜けなミスや発見をしていくにつれ、なんだか面白くなってきました。

最初は格好をつけて、自分の力量以上のものを披露しようとしていましたが、それではいつかボロが出てしまいます。

それならば、失敗したところも面白おかしくお見せしてしまおう！と開き直り、「失敗したレシピも載せる」ヘンテコなブログへと変貌していったのです。

情報として矛盾しているレシピブログ、果たして需要があるのか心配でしたが、意外にも楽しんで下さる方が少なからずいるようでした。

料理上手な方がアドバイスをして下さったり、失敗も楽しんで下さる方がいたりと、温かく見守って頂きました。気分はすっかり「魔法使い見習い」となり、料理への探究心も深まりました。魔法のようにポンッと料理が出来上がるなんてことがないのならば、いっそのこと真逆を行こう。作る手順全てを公開して、自分と同じような初心者さんが工場見学をするかのように「あの食べ物が出来るまで」を楽しめるような試みを行いました。

ハムや麺、桜でんぶに、なると。普段作らない食べ物をイチから作るのはあまりにも楽しくて、たまに主である「アニメの料理再現」よりも重きを置いてしまうほどでした。奔走しすぎていると思うこともありますが、結局は「楽しければ良いか！」という結論に落ち着きます。

次元が異なる以上、アニメの料理再現に100%の正解は存在しません。ならば、100%間違っているということも、ないのかもしれません。

あまりにもちぐはぐで不完全な魔法ですが、こうして変わりゆく状況に翻弄されるのも、「見習い」ならではの楽しみ。

これから一体どんな魔法使いになっていくのか……まだまだ翻弄される日々は続きそうです。

3

Bistro
ANIMESHI

第3章　麺料理

元気よく頬張るのも、しんみり啜るのも美味しい

ラーメンの麺を作ろう

ラーメン作りは通常コシを出すためにかんすいを使用します。
でも、かんすいなしでも手軽に作れちゃうんです。
重曹と卵を入れるのがポイント。
パスタマシンを使わない時は、体力も必須！

材料　6人分

強力粉……300g
薄力粉……100g
重曹……小さじ1
塩……小さじ1
卵……1個
水……卵と合計の重さが180ccになるように
打ち粉（片栗粉）……適量

作り方

1. 重曹をから煎りする

アルミニウム以外の鍋を熱し、重曹を中火で10分ほどから煎りします。重曹の水分が飛び、軽い感触になったら、かんすい代用品の出来上がり。

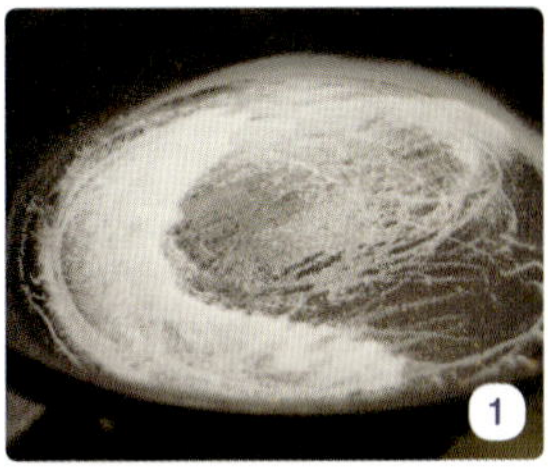

2. 材料を混ぜる

別のボウルに強力粉、薄力粉、重曹、塩を入れて混ぜます。真ん中にくぼみを作り、卵と水を混ぜた卵液を注ぎ込みます。くぼみの周りから外側へ、徐々に粉を液体に混ぜます。

3. 生地を踏む

生地をビニール袋に入れて一つにまとめます。生地を踏んで、広がったら折りたたみ、表面がすべすべになるまで繰り返します。生地を丸め、常温で30分休ませます。

4. 生地を切る

生地を6等分し、パスタマシンの目盛りを1から9へ順番にして伸ばします。手打ちの場合は、麺棒で徐々に薄く伸ばし、包丁で切って下さい。麺を手で揉んでちぢれ麺にします。

5. 保存する・茹でる

2日以上冷蔵庫で寝かせます。密閉せずに、蓋を軽く開けておいて下さい。茹で時間は1分を目安に。

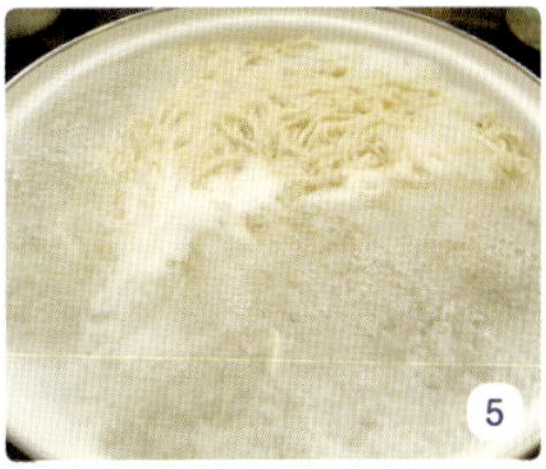

Point

❶重曹は熱分解して炭酸ナトリウムに変化します。から煎りする他、重曹水を沸かしたものをかんすいの代わりにする方法も。

綾波レイのニンニクラーメン
チャーシュー抜き

from 新世紀エヴァンゲリオン

ベジタリアンでも安心！「肉、嫌いだもの」という綾波レイちゃんの為に、肉類は一切使わない「なんちゃって豚骨スープ」です。この驚きの満足感、是非一度お試しあれ。

材料　2人分

長ネギ……20cm
ショウガ……1片
ニンニク……2～3片
豆乳……400cc
和風だしの素……大さじ1
味噌……大さじ1
醤油……小さじ1
みりん……大さじ1
酒……大さじ1
水……300cc
紅ショウガ……適量
万能ネギ……適量
味付け玉子……適量
なると……適量
海苔……適量
ネギ油（ゴマ油やラー油に代用可）……おこのみで
塩・こしょう……適量
ラーメンの麺……2人前

作り方

1. 下準備をする

長ネギ、ショウガはみじん切りにし、ニンニクは半量ずつスライスとすりおろしにします。鍋にサラダ油（分量外）を熱し、スライスニンニクとおろしニンニクを加えて火にかけます。ニンニクの香りが立ったらスライスニンニクを取り出します。

2. 炒める

長ネギとショウガを加えて炒めます。このタイミングで、麺を茹でる為にお湯を沸かし始めます。

3. スープを仕上げる

鍋に豆乳を加えて沸騰させます。調味料と水を加え、もう一煮立ちさせます。

4. トッピング

麺を湯切りして器に入れスープを注ぎ込みます。おこのみで、数滴ネギ油を垂らします。ニンニク2種、紅ショウガ、万能ネギ、味付け玉子、なると、海苔をトッピングします。おこのみで塩・こしょうを振って、出来上がり。

Point

❶ニンニクは焦げやすいので要注意。焦がさないポイントは、必ず火をつける前の鍋に入れること。
❷香味野菜は分量にこだわらず、好きなものをたっぷり使って自分好みの味を見つけて下さい。
❸お肉好きな方は、チャーシューをのせて召し上がれ。

一楽のラーメン

from NARUTO

自家製チャーシューが決め手の一品です。
長く下茹ですると、トロトロ柔らかな仕上がりに。
たっぷりのせて召し上がれ！

材料　2人分

ⓐ豚バラ肉（塊）…… 300g
ⓐニンニク …… 1片
ⓐ鰹節と昆布のだし汁 …… 100cc
ⓐ醤油 …… 100cc
ⓐ酒 …… 50cc
ⓐみりん …… 50cc
ⓐ砂糖 …… 大さじ2
ⓐ茹で卵 …… 人数分
ⓑ水 …… 丼2杯分
ⓑショウガ …… 1片
ⓑウェイパー（中華調味料）‥ 大さじ1
ⓑ醤油 …… 大さじ2
ⓑみりん …… 大さじ1
ⓑ酒 …… 大さじ1
ⓑ鰹節（煮干しで代用可）‥ 適量
ⓒ塩・こしょう …… 適量
ⓒ香味油 …… おこのみで
ⓓ海苔・長ネギ …… 適量
ⓓメンマ、なると …… 適量
ジッパー袋 …… 1袋

作り方

1. チャーシューの準備をする

豚バラ肉（塊）は二つに切ってタコ糸で縛り、たっぷりのお湯で１時間下茹でします。

2. チャーシューと味付け玉子を作る

ⓐの茹で卵以外の材料を鍋に入れます。肉を加えて沸騰させ、落とし蓋をし弱火〜中火で15分ほど煮詰めます。

3. チャーシューと味付け玉子を寝かせる

火からおろし、ジッパー袋に煮汁、豚バラ肉、茹で卵を入れて３時間以上置きます。タコ糸を外して肉を切り分け、チャーシューと味付け玉子の出来上がり。

4. スープを作る

ⓑを全て鍋に入れて一煮立ちさせます。ⓒの塩・こしょうと香味油で味を整え、スープの出来上がり。味が濃い場合は、水を足して下さい。

5. 仕上げる

麺を茹でて丼に入れ、スープを注ぎます。チャーシューと味付け玉子をのせ、ⓓをトッピングし、出来上がり。

Point

❶チャーシューは下茹でを１時間行うことで柔らかく仕上がります。

村さ黄の沖縄そば

from エウレカセブンAO

沖縄そばにのせるラフテーは、泡盛と黒糖が決め手。
黒く光る姿を活かして、切り分ける時は大きめにしましょう。
麺の上に「ぼってり」と乗る姿が村さ黄風です。

材料 2人分

ⓐ強力粉……250g
ⓐ重曹……小さじ1/2
ⓐ卵‥‥M1/2個(30g目安)
ⓐ塩……小さじ2
ⓐ水……100cc
ⓐ打ち粉……適量
ⓑ豚バラ肉(塊)‥‥250g
ⓑかつおだし……200cc
ⓑ泡盛(酒で代用可)……100cc
ⓑ黒糖(砂糖で代用可)‥‥50g
ⓑ醤油……50g
ⓒ豚バラ肉の茹で汁‥600cc
ⓒかつおぶし‥ひとつかみ程度
ⓒ白湯(パイタン)スープの素……小さじ2
ⓒ塩・醤油……適量
ⓓ焼かまぼこ……適量
ⓓ小ネギ……適量
ⓓ紅ショウガ……適量
サラダ油……小さじ1

作り方

1. 麺の生地を作る

ⓐの重曹、卵、塩、水を混ぜて仕込み水を作ります。強力粉をボールに入れ、仕込み水を3～4回に分けて加えます。そぼろ状の生地がひとまとまりになるまで10分ほどこねます。こねた生地はラップに包んで、常温で1～2時間寝かせます。

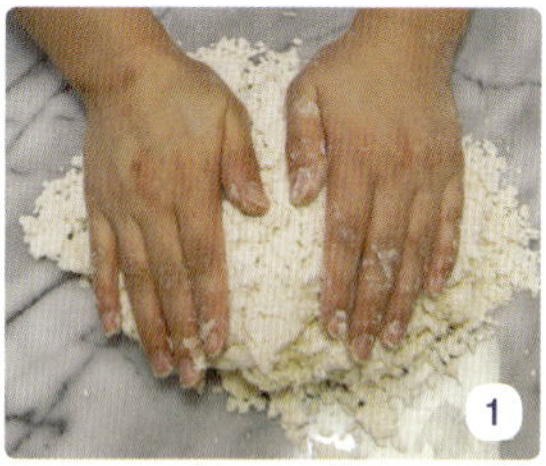

2. 生地を伸ばして切る

生地を4等分し、手で押さえて平たくします。生地に打ち粉をまぶし、麺棒で1～2mmの厚さに伸ばし、7～8cmの幅に切り分けます。

3. ラフテーを作る

豚バラ肉とたっぷりの水（分量外）を鍋に入れ1時間茹でます。この茹で汁はスープに使います。空の鍋にⓑのかつおだしと切り分けた豚バラ肉、泡盛を注ぎ火にかけます。20分ほど中火で煮たら、黒糖を加えます。黒糖が溶けきったら、醤油を加えて弱火で1時間煮ます。最後に5分強火で煮て艶を出します。

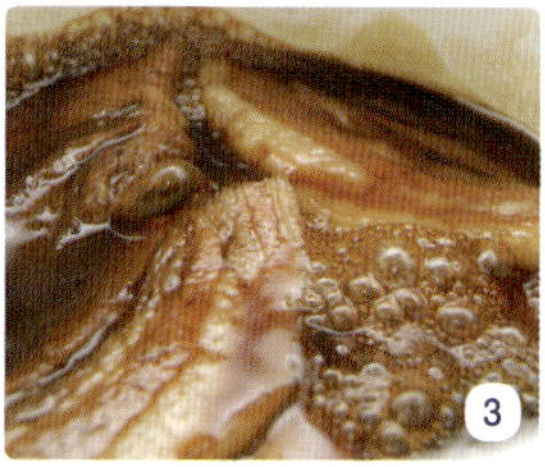

4. スープを作る

豚バラ肉の茹で汁にかつおぶしを加えてだしを取ります。かつおぶしをザルで漉し、白湯スープの素と塩、醤油で味を整えます。

5. 仕上げる

麺をたっぷりのお湯で茹でます。麺が浮いてきてから15秒程度で茹で上がり。茹で上がった麺は湯切りし、少量のサラダ油をまぶします。丼に麺を入れてスープを注ぎ、焼かまぼこ、小ネギ、紅ショウガをトッピングして出来上がり。

Point

❶豚バラ肉を下茹でする時は、お湯に入れると硬くなるので必ず水を火にかける時に入れます。
❷打ち粉は小麦粉、片栗粉、コーンスターチのいずれかを使用しましょう。
❸麺作りは、麺同士がくっつかないように打ち粉を惜しまずまぶして下さい。

パスタ麺を作ろう

必要なのは、卵、小麦粉、ケチャップだけ！
ご家庭でお手軽カラーパスタが楽しめます。
ケチャップの他、オリーブオイルやバジル、イカスミなど
様々なバリエーションを発見しましょう。

材料　4～5人分

強力粉……250g
薄力粉……250g
ⓐ卵……1個
ⓐケチャップ……30g
ⓐ水……150cc
ⓑ打ち粉……適量

作り方

1. 材料を混ぜる

ⓐを混ぜて卵液を作ります。ボウルに強力粉と薄力粉を入れ、中心にくぼみみを作ります。そこに卵液の8割を注ぎ、フォークでむらなくかき混ぜます。

2. 水分を馴染ませる

全体がそぼろ状になったらラップをかけ5分休ませます。手のひらでぎゅっと握り、一つにまとまったら理想的な硬さです。ぱさつく時は1で残した卵液を加えます。

3. 生地を踏む

生地をビニール袋に入れて一つにまとめます。生地を踏んで、広がったら折りたたみ、表面がすべすべになるまで繰り返します。生地を丸め、常温で30分休ませます。

4. 生地を切る

生地を4～5等分して、それぞれに打ち粉をします。パスタマシンの目盛りを1から6へ順番にして徐々に薄く伸ばし、ⓑの打ち粉をまぶしてカットします。手打ちする場合は、麺棒で薄く伸ばし、包丁で切って下さい。

5. 保存する・茹でる

出来上がった麺はそのまま1時間ほど置き、表面がくっつかないようにし、打ち粉をまぶして密閉容器に入れます。1日寝かせると食べ頃です。たっぷりのお湯で1～2分茹でて出来上がり。

1

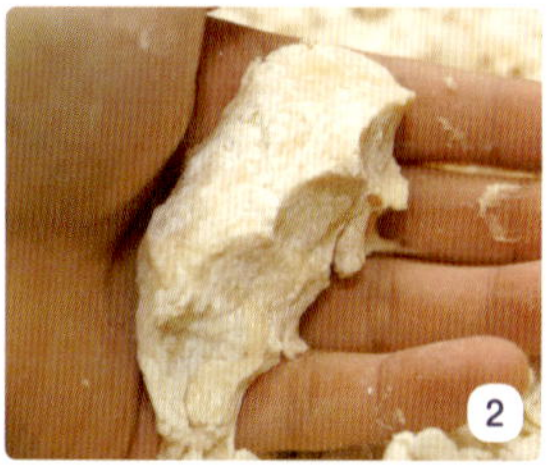
2

3

4

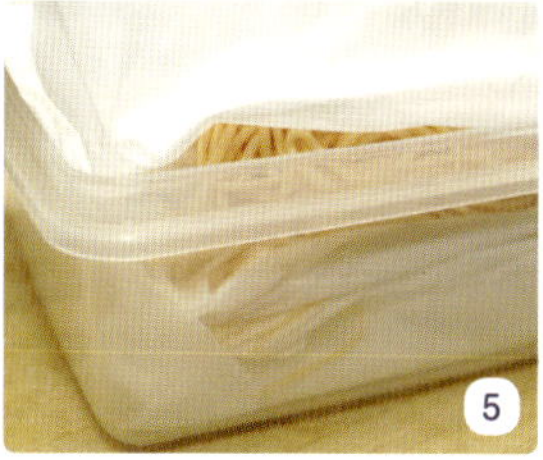
5

Point

❶卵液にケチャップを入れずに作ると、プレーンなパスタになります。

ミートボールスパゲティ

from ルパン三世カリオストロの城

山盛りスパゲティの具は、シンプルにミートボールだけ。
パスタ麺は多めに茹でて、
ルパンと次元が取り合った山盛りぶりを再現しましょう。

材料 4人分

牛豚合い挽肉……500g
タマネギ……1個
ニンニク……1片
トマト缶……1缶
卵……1個（10g目安）
顆粒コンソメ……小さじ2
ケチャップ……大さじ3
お好み焼き用ソース……大さじ1
オイスターソース……大さじ1
ナツメグ……適量
オリーブオイル……適量
塩・こしょう……適量
パルメザンチーズ……適量
パスタ麺……2人分

作り方

1. ミートボールのタネを作る

みじん切りにしたタマネギを、オリーブオイルでしんなりするまで炒めます。ボウルに合い挽肉、卵、ナツメグ、冷ました炒めタマネギ、塩・こしょうを入れてこねます。

2. ミートボールを揚げる

タネに粘りが出たら、スプーンで一口大に分けて丸めます。フライパンにオリーブオイルを多めに入れ、ミートボールを表面の色が変わるまで揚げます。

3. ソースを作る

フライパンでニンニクとオリーブオイルを熱し、香りが出たらトマト缶を加えます。ミートボール、ケチャップ、お好み焼き用ソース、オイスターソース、顆粒コンソメを加え、弱火で10分ほど煮込みます。煮込んでいる間に、たっぷりのお湯に塩を加え、パスタ麺を茹でます。

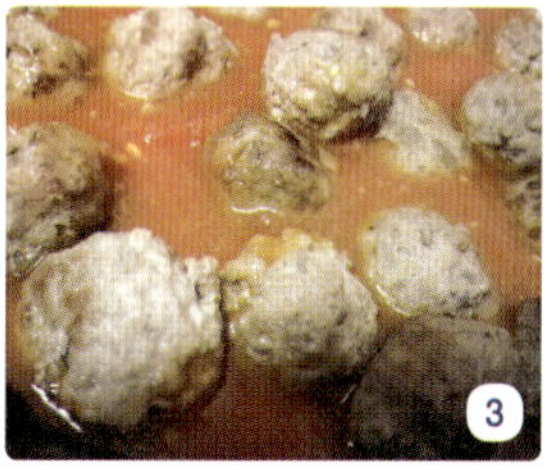

4. スパゲティとソースをあえる

茹で上がったパスタ麺をソースとあえます。皿に盛り付け、周りにミートボールを飾ります。おこのみで塩・こしょう、パルメザンチーズをかけて出来上がり。

Point

❶パスタ麺は少し硬めに茹でて下さい。
❷ソースは4人前の目安ですが、ソースの量が足りない場合は、コンソメスープを足して下さい。
❸ミートボールは崩れやすく、ソースに馴染みやすいようにしています。しっかりとしたミートボールを作りたい場合は、パン粉を大さじ2加えて下さい。
❹ソースの出来上がりに生クリームを加えると、リッチな味わいになります。

ナミの育ての母、ベルメールさん。
みかん畑を営む彼女のナポリタンは、
みかんが最高のアクセントに！

ベルメールさんのみかんナポリタン

from ONE PIECE

材料　2〜3人分

パスタ麺……2人分
みかん……2個
チョリソー……6本
マッシュルーム……4個
タマネギ……1/2個
ニンニク……1片
ケチャップ……大さじ5
ウスターソース……大さじ2
オリーブオイル……適量
塩・こしょう……適量

作り方

1. 材料を切る

タマネギ、ニンニクはみじん切りにします。マッシュルームは粗みじん切りにし、チョリソーは斜め切りにします。みかんは横にカットして、果汁を絞ります。みかんの皮は捨てずに、細長く切ります。

2. 香りを出す

フライパンにオリーブオイルを熱し、ニンニクとみかんの皮を火にかけます。香りが出てきたら、タマネギを中火で炒めます。タマネギがキツネ色になったらマッシュルームとチョリソーを加えて火が通るまで炒めます。

3. 味付けをする

みかん果汁、ケチャップ、ウスターソースを加えて汁気がなくなるまで煮詰めます。汁気がなくなったら、火を止めます。

3. 仕上げる

パスタ麺を茹で、具に加えて軽く炒めて、最後に塩・こしょうをして出来上がり。

Point

❶お子様が召し上がる場合は、チョリソーをウィンナーに変更しても美味しく頂けます。
❷こしょうは粗挽きの黒こしょうを使うと、よりスパイシーに仕上がります。
❸パルメザンチーズをかけると、マイルドな味になります。

名前が長すぎる為、「呪文料理」と
呼ばれますが、味に不気味さは皆無。
クリーミィなオシャレパスタです。

ミレリーゲ・アラ・パンナ・コン・イ・ブロッコリ

from のだめカンタービレ

材料 2人分

ミレリーゲパスタ（他のパスタで代用可）
……180～200g
ブロッコリー……2個
タマネギ……1/2玉
牛乳……100cc
生クリーム……200cc
バター……10g
薄力粉……大さじ1
クローブ（ない場合は入れなくてもOK）
……1～2粒
ⓐ塩……大さじ1
ⓑ塩・こしょう……適量

作り方

1. 下準備をする

牛乳と生クリームは、常温に戻しておきます。タマネギは串切りにします。ブロッコリーを小房に切り分け、ⓐの塩を入れたお湯で下茹でします。ブロッコリーの茹で汁は捨てないこと。

2. パスタを茹でる

ブロッコリーの茹で汁で、ミレリーゲパスタを茹でます。

3. ベシャメルソースを作る

フライパンでバターを熱し、タマネギとブロッコリーを中火で炒めます。一旦火を止め、薄力粉とクローブを加えて全体にまんべんなく混ぜます。火をつけて弱火にしてかき混ぜて、牛乳を何回かに分けて加えます。生クリームを加え、茹で上がったパスタを加えます。ⓑの塩・こしょうで味を整えて、出来上がり。

Point

❶ベシャメルソースのとろみが強い場合は、パスタの茹で汁を加えて調整出来ます。
❷パスタはミレリーゲの他、ペンネやリガトーニ、マカロニが近いタイプになります。ショートパスタの他、リングイネもオススメです。
❸クローブは香りづけ。香りが立ったら、パスタを入れます。

うどんの麺を作ろう

手打ちうどんはツルツルシコシコとした食感が最高！
かなり力が要りますが、食べた時にその苦労が報われます。
パスタマシンがあると、とても手軽に作れます。
一度食べたらやめられない「うどんワールド」へようこそ！

材料

5人分

強力粉……250g
薄力粉……250g
塩……15g
水……250g
打ち粉（片栗粉）……適量

作り方

1. 材料を混ぜる

フライパンで強力粉と薄力粉を混ぜ、中央に手で大きくくぼみを作ります。くぼみに塩を加えた水の 8 割を注ぎ、手で力を入れずに、そぼろ状になるまでかき混ぜます。ラップをかけ、5 分ほど休ませます。

2. 硬さを確認する

手のひらに生地を取り、耳たぶ程度の柔らかさかどうかを確認します。水気が足りない時は、塩水を継ぎ足します。生地を手で一つにまとめます。

3. 生地を踏む

生地を丈夫なビニール袋に入れ、足のかかとやつま先を利用し、生地を伸ばします。伸びた生地を折りたたみ、再度生地を踏みます。これを 10 分繰り返します。ビニールに包んだまま、生地を 30 分休ませます。

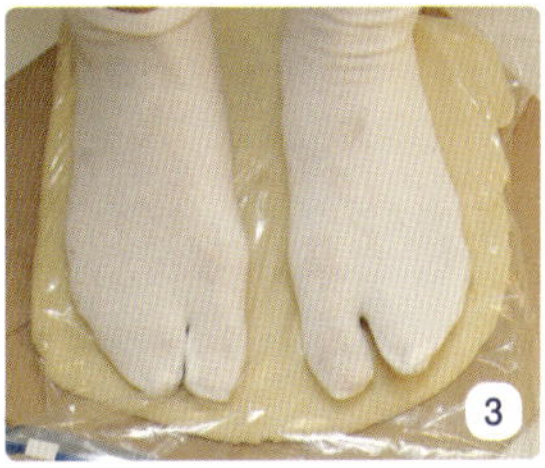

4. 生地を伸ばす

生地を 5 等分し、麺棒でパスタマシンにかけられる厚さに伸ばします。パスタマシンで生地を伸ばし、伸ばした生地を折りたたみ再度生地を伸ばします。この作業を表面がなめらかになるまで繰り返します。

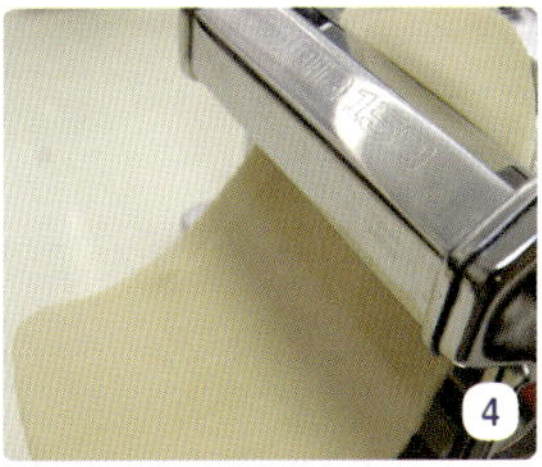

5. 生地を切る

生地を食べやすい長さに切り、パスタマシンで麺状にカットします。カットさせていく端から打ち粉をかけ、麺と麺がくっつかないようにします。密閉容器に入れ、冷蔵庫で 1 日寝かせて出来上がり。 食べる時は、たっぷりのお湯で 6 ~ 7 分茹でます。

Point

❶強力粉と薄力粉の全量を中力粉に変えると、より本格的な食感になります。

おじいさんの鍋焼きうどん

from 耳をすませば

おじいさんが、頑張った雫に振舞ってくれる鍋焼きうどん。
ほんのり甘く、シンプルにおだしの味を楽しみましょう。
体がじんわり温まる一品です。

材料　1人分

エビ……2尾
ⓐ薄力粉……40g
ⓐ片栗粉……10g
ⓐベーキングパウダー
……小さじ1
ⓐ卵黄……1個分
ⓐ酒……50cc
サラダ油……適量
ごま油……適量
長ネギ……1/2本
ホウレン草……2束
ニンジン……適量
かまぼこ……4枚
卵……1個
だし汁……700cc
みりん……大さじ1
薄口醤油……大さじ1
塩……ひとつまみ
うどん……1人分

作り方

1. エビ天を揚げる

エビは背ワタを取り、しっぽの先を包丁で切っておきます。エビをⓐを合わせた衣に浸します。ⓑのサラダ油とゴマ油を合わせて 180℃に熱し、全体がカリッとするまで、しっかり揚げます。

2. 具を切る

長ネギは斜め切りにし、ニンジンは薄い輪切りにしてから星形にくり抜きます。ホウレン草はサッと茹でてざるに上げ、冷まして水気を絞り、3 ～ 4cm の長さに切ります。

3. うどんを茹でる

鍋にたっぷりの水を入れて、沸騰させます。うどんをほぐし入れ、6 ～ 7 分茹でます。茹で上がったら、ザルに入れて流水をかけうどんをしめ、水気を切っておきます。

4. つゆを作る

鍋にだし汁を入れて火にかけます。煮立ったら、みりん、薄口醤油、塩を入れます。

5. 仕上げる

つゆにニンジンを入れて煮始め、1 ～ 2 分経過したらうどんを加えます。再度沸騰したら、長ネギ、かまぼこ、エビ天をのせます。ホウレン草をのせ、卵を鍋の真ん中に落とし、蓋をします。卵が好みの硬さになるまで蒸らしたら、出来上がり。

Point

❶エビ天は市販のものを入れると時間短縮できます。
❷ニンジンは包丁でも星形に出来ますが、クッキー型がある場合はそれを使用すると便利です。
❸柚子胡椒や七味をかけてもまた味が変わって美味しいです。

COLUMN 03

麺料理、骨の髄まで

ラーメンにうどん、パスタ、そして沖縄そば。美味しい麺の為なら、苦労は厭わない。ここでは、そんな麺料理への愛が招いた幾つかの体験をご紹介します。

「ベランダで豚骨を砕く」

食べるのも作るのも大好きなラーメンは、美味しさを貪欲に求めすぎて周りが見えなくなることも。ビストロ・アニメシで初めて本格的な豚骨スープを調理した時は、豚骨に鶏ガラ、寸胴鍋を購入し、準備万端の状況で挑みました。下調べはバッチリでしたが、それでも大変なスープ作り。豚骨を砕くという下準備の段階で早々に苦戦しました。

豚のゲンコツと呼ばれる膝関節はとても頑丈で、トンカチで目一杯叩かなければなりません。しかし、調理場はごく普通の単身者用マンション。割る音が響かない場所を求めてうろついた結果、ベランダにシートを敷いて行うことで落ち着きました。

でも、室内ほど床に響かないものの「隣室などの方がベランダに出て、この骨を砕く音を不審に思ったらどうしよう」と心配で仕方ありませんでしたが、無事に砕き終えました。

一晩以上じっくり煮込んだスープは、骨の中の旨味エキスがしっかり煮出され、綺麗な白濁色に。忘れられない極上の味でしたが、暫くの間、部屋の「豚骨の香り」が消えず……要らぬ余韻を味わうことになりました。

また食べたいけれど、ちょっと躊躇してしまう。そんな、豚骨スープの葛藤でした。

「理科のおべんきょう」

ラーメンの麺は、原材料に「かんすい」を用います。かんすいによって、麺にあの独特の風味と黄色味がつくので、麺作りには欠かせません。しかし、手に入りづらいのが難点のかんすい。何かで代用をすることは出来ないか調べた結果、今回の重曹を使ったレシピが出来ました。重曹はそのまま入れてもかんすいの代わりにならないので、加熱して重曹（炭酸水素ナトリウム）を熱分解し、炭酸ナトリウムに変化させる必要があります。

$$2NaHCO_3 \rightarrow Na_2CO_3 + H_2O + CO_2$$

料理には様々な化学が詰まっていますが、こうして化学式を基に実験の気分も楽しめるのは麺作りならではです。

「モチモチ生パスタ」

生パスタはモチモチとした食感が特徴です。乾麺とは全く異なる食感なので、初めて食べる時はきっと驚くはず。生と乾、どちらの方が好きか感想を言い合うのも、楽しみの一つです。トマトピューレやバジルを生地に練り込んでカラーパスタを作ったりと、バリエーション豊かに堪能出来ます。

「パスタを打つ」というと難しそうに感じますが、材料の分量や行程はそれほど神経質にならずとも作れ、ルール無要で楽しめるのは意外な発見でした。

キッチンバサミを使って、粘土感覚で蝶の形のファルファッレを作ったり、カットせずにそのまま板状のラザニアとして使ったり、慣れていくうちに遊びも広がります。

作った生パスタは、乾燥すると乾麺になります。ソースに合わせておこのみで作り分けするのもオススメ。麺を吊るして乾燥させるだけで、乾麺に変化します。

4

Bistro
ANIMESHI

第4章　その他の料理

パイにカレー、お弁当……なんでもござれ

実寸アンパンマン

from それいけ！アンパンマン

大人の顔もすっぽり隠れるアンパンマン。
新しい顔、ホントに作ってみませんか？
オーブンの天井に鼻がくっつかないように注意です。

材料 顔がすっぽり隠れる大きさ一つ分

ⓐ強力粉……720g
ⓐ薄力粉……80g
ⓐ塩……12g
ⓐ砂糖……100g
ⓐ溶き卵……80g分
バター……80g
ぬるま湯（37～40℃）……400cc
ドライイースト……15g
あずき餡……1000g
打ち粉……適量
つや出し用の卵……適量
デコレーション用チョコレートペン‥1本

作り方

1. 予備発酵する

ぬるま湯にドライイーストを入れ、15 分ほど置きます。バターは常温に戻し、あずき餡はラップに包み丸めておきます。

2. 生地をこねる

ⓐの材料全てをボウルに入れて手でこねます。生地が一つにまとまったら、打ち粉をした台の上で生地が薄く膜を張るまで、15 分こね続けます。

3. 一次発酵させる

薄くサラダ油（分量外）を塗った容器に生地を入れ、30 度くらいの室温で 1 時間ほど発酵させます。3 倍ほどの大きさに膨らんだら発酵完了です。指を差し込み、生地に跡がくっきり残ったら発酵成功です。

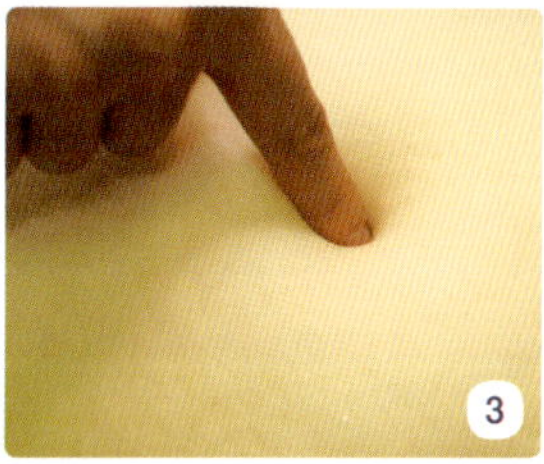

4. 生地を休ませる

手で生地を押してガス抜きします。生地を三つ折りにし、直径 7cm を目安に、生地から小さな生地を三つ切り分けます。切り分けた生地と大きな生地共に、表面が張った状態になるように軽く丸めます。濡れた布（パンマット）を被せ、10 分休ませます。

5. 成形する

大きい方の生地を麺棒で平らに伸ばします。あずき餡をラップから取り出し、生地を被せて閉じ、小さい生地 3 つを、大きい生地の上に並べます。溶き卵を表面に塗り、160℃のオーブンで 20 分焼きます。

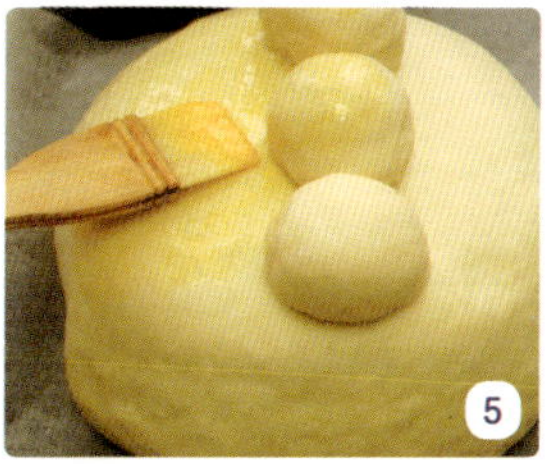

6. 仕上げる

焼き色がついたら、オーブンの温度を 100℃に下げ、40 分焼きます。粗熱を取り、パンにチョコレートペンで顔を書いて出来上がり。

Point

❶全ての材料を半量にすると、通常サイズのあんぱんが約 20 個出来ます。

姉さんのスープ

from 銀河鉄道の夜

具沢山の主食級スープは、
ネコたちの好物、マグロを入れて召し上がれ。
トマトジュースで濃厚な赤色に仕上がります。

材料　2人分

マグロ（刺身用 さく）…… 150gほど
ベーコン …… 1枚
タマネギ …… 1/2個
ジャガイモ …… 1個
キャベツ …… 50gほど
セロリ …… 茎の部分15cm
トマトジュース …… 200cc
顆粒コンソメ …… 大さじ1/2
ニンニク …… 適量
バター …… 1片
薄力粉 …… 大さじ1
水 …… 100cc
塩・こしょう …… 適量

作り方

1. 下準備をする

ベーコンは短冊切り、タマネギは串切り、セロリは薄く斜め切りにします。キャベツは細かく切り、ジャガイモは8等分し、水にさらしておきます。

2. マグロをソテーする

マグロをぶつ切りにし、表面にすりおろしたニンニク、塩・こしょうを馴染ませます。オリーブオイル（分量外）を熱したフライパンで両面をこんがり焼きます。

3. 野菜を炒める

鍋にバターを熱し、ベーコンをカリカリになるまで炒めます。タマネギ、セロリ、キャベツ、ジャガイモを加えて炒めます。

4. 仕上げる

火が通ったら一度火を止め、薄力粉を加えて混ぜます。水を注いで再度火にかけます。トマトジュースと顆粒コンソメを加えて、20分ほど煮込みます。マグロを加えてひと煮立ちさせ、塩・こしょうで味を整え、出来上がり。

Point

❶マグロの他、鶏肉、豚肉、牛肉を使っても美味しく召し上がれます。

ANIMESHI TAPAS

季節に合わせたオススメアニメシTOP5：秋冬編

【秋】

食欲の秋は、食べごたえがあってとにかく「美味しい」が決め手です。

1位 ピッコロ社のペスカトーレ「紅の豚」→34p
2位 バラティエのまかないピラフ「ONEPIECE」→30p
3位 ミートボールスパゲティ「ルパン三世カリオストロの城」→52p
4位 グレイシアさんお手製ホウレン草のキッシュ「鋼の錬金術師」→68p
5位 銭婆謹製紅茶のバタークリームケーキ「千と千尋の神隠し」→84p

【冬】

体があったまるものがオススメ。寒い日は温かい飲み物とご一緒に。

1位 おじいさんの鍋焼きうどん「耳をすませば」→58p
2位 豆のエストファード「のだめカンタービレ」→72p
3位 キキのためのチョコレートケーキ「魔女の宅急便」→88p
4位 綾波レイのニンニクラーメンチャーシュー抜き「新世紀エヴァンゲリオン」→44p
5位 姉さんのスープ「銀河鉄道の夜」→64p

ハイジの白パン

from アルプスの少女ハイジ

雪のように真っ白なブレッツェン。
焼く時にアルミホイルを上に被せると、
綺麗な白いパンに仕上がります。

材料　6個分

強力粉……150g
ドライイースト……3g
ⓐぬるま湯（37～40℃）……40cc
ⓑぬるま湯（37～40℃）……40cc
ハチミツ……15g
バター……10g
砂糖……10g
塩……3g

作り方

1. 下準備をする

ⓐのぬるま湯にドライイーストを入れて5分置き、発酵を活発にします。ⓑのぬるま湯にハチミツを溶かしておきます。常温に戻したバターを、ドライイーストを入れたぬるま湯に加えます。ハチミツを入れたぬるま湯も加え、砂糖と塩を加えて混ぜます。

2. 生地を混ぜる

強力粉の半量を加えて混ぜ合わせます。全体がまとまったら、残り半分の強力粉も入れて混ぜます。形がまとまったら、台の上に取り出して表面がなめらかになるまで、10分ほどこねます。

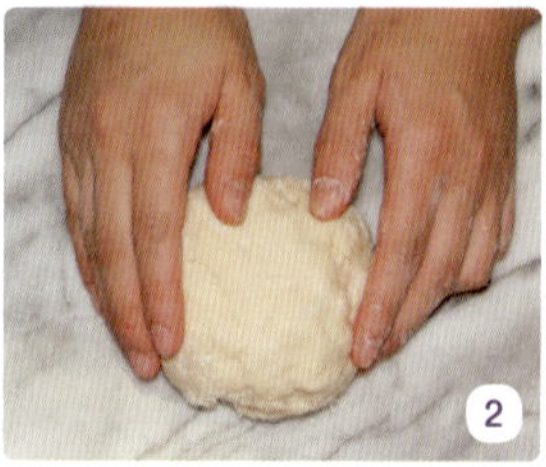

3. 一次発酵させる

サラダ油(分量外)を塗ったボウルに入れ、乾燥防止の濡れ布巾を被せます。200Wの電子レンジで30秒加熱します。電子レンジがない場合は、30℃前後の室温で1時間ほど発酵を待ちます。生地の真ん中に人差し指を差してみて、生地が戻ってこなければ発酵完了です。生地を麺棒で潰してガス抜きし、5～6等分に分けます。

4. ベンチタイムをとる・成形する

濡れ布巾を被せて10分ほど置き、生地を休ませます。ベンチタイム終了後、生地を丸め直します。箸などで、生地の真ん中をギュッと下まで押さえ付けて二山にします。

5. 二次発酵させる

濡れ布巾を被せ、200Wの電子レンジで30秒加熱します。電子レンジがない場合は、30℃前後の室温で1時間ほど発酵を待ちます。二次発酵終了後、強力粉(分量外)を茶漉しでふりかけます。アルミホイル、もしくはクッキングペーパーを上に被せ、180℃に温めておいたオーブンで15分焼きます。焼き上がったパンを軽くはたき、余計な粉を落として出来上がり。

Point

❶ぬるま湯を牛乳に変えると、より甘みが増します。ぬるま湯と同量を、温めて調理して下さい。
❷出来上がったパンの上にまぶす強力粉は、粉糖にしても美味しいです。
❸イースト菌は高温のお湯に入れると死滅してしまい、生地が上手に膨らみません。ぬるま湯は、手を入れても平気な37～40℃にしましょう。「少しぬるすぎるかな？」と思うくらいで十分です。

グレイシアさんお手製ホウレン草のキッシュ

from 鋼の錬金術師

パイ作りが上手なグレイシアさんがディナーに用意した
ほうれん草のキッシュは、ケーキを食べる時のように切り分けて、
一口一口を楽しみましょう。

材料

18～21cmタルト型
1皿分

冷凍パイシート……1～2枚
ホウレン草……180～200g
タマネギ……1/2個
ベーコン……50g
卵……Mサイズ2個
生クリーム……1/2カップ
ピザ用チーズ……60g
ナツメグ……適量
バター……適量
塩・こしょう……適量
薄力粉……適量

作り方

1. パイ生地の下準備をする

冷凍パイシートは薄力粉をふりながらめん棒で薄く伸ばし、型に貼り付けます。型からはみ出た生地は切り取り、生地にフォークで穴を開けて底が膨らまないようにします。ラップを被せて、冷凍庫に入れます。

2. 具の準備をする

ホウレン草はサッと茹でてザルに上げ、冷まして水気を絞り、3～4cm 長さに切ります。タマネギは串切りにし、ベーコンは短冊切りにします。

3. 炒める

フライパンにバター少々を溶かして、タマネギを中火で炒めます。タマネギに火が通ったらベーコンを入れ、バターを少し足し、ホウレン草を加えて炒めます。塩・こしょう少々で味を整えます。

4. パイ生地に具を入れる

パイ生地の上に炒めた具を敷き、ピザ用チーズを散らします。ボウルに卵を入れて溶き、生クリームを加え混ぜて塩・こしょう、ナツメグをふり、チーズの上から流し入れます。200℃に温めたオーブンに入れて、180℃で 20～30 分間、上部に焼き色がつくまで、様子を見ながら焼きます。オーブンから取り出し切り分けて、出来上がり。

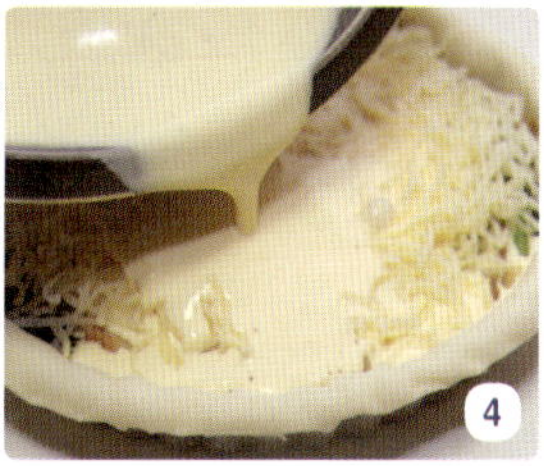

Point

❶冷凍パイシートが 1 枚で足りない場合は、2 枚を重ねてつなげて下さい。
❷生クリームの代わりに、牛乳や豆乳でも美味しく出来ます。

響子さんの揚げレバニラあんかけ

from めぞん一刻

響子さんの得意料理は、ご飯が進むオツな味。
レバー竜田揚は、レバーが苦手な方にも食べやすいです。
卵スープとサラダを添えて召し上がれ。

材料　3～4人分

豚レバー‥150～200g
牛ロース肉(バラ肉で代用可)‥200g
ⓐ醤油‥‥‥大さじ2
ⓐオイスターソース‥‥大さじ2
ⓐ酒‥‥‥大さじ2
ⓐ砂糖‥‥‥大さじ1
ⓐショウガ、ニンニク‥各1片
ⓐ塩・こしょう‥‥‥適量

片栗粉‥‥‥適量
ニラ‥‥‥1束
モヤシ‥‥‥1袋(200g目安)
ニンジン‥‥‥1/2本
ピーマン‥‥‥4個
シイタケ‥‥‥4個
マッシュルーム‥1/2缶(40g目安)
鶏がらスープ‥‥‥100cc

醤油‥‥‥大さじ2
オイスターソース‥大さじ1
酒‥‥‥大さじ1
砂糖‥‥‥小さじ2
塩・こしょう‥適量
うずら卵(水煮)‥適量
パセリ‥‥‥適量
鷹の爪‥‥‥おこのみで

作り方

1. レバー竜田揚げの下準備をする

豚レバーはボウルに水（分量外）を入れて、水に濁りがなくなるまで洗います。水切りをした豚レバーを牛乳(分量外)に浸し、冷蔵庫で 30 分ほど置き、血抜きと臭み取りをします。牛乳を水で洗い流し、キッチンペーパーで水気を拭き取ります。牛ロース肉は細切りにします。ⓐの調味料を混ぜ合わせ、レバーと牛肉それぞれを、調味料に 15 分ほど浸します。

2. ニラもやしあんの下準備をする

ニラは 5cm の長さに切り、ピーマンは輪切り、ニンジンは花型にします。シイタケとマッシュルームは縦に薄切りにします。

3. レバーを揚げる

調味料からレバー、牛肉を取り出し、汁気を切り、片栗粉を軽くまぶします。160 ～ 170℃のサラダ油（分量外）でレバーをカラッとするまで揚げます。バットにのせて油を落とします。

4. ニラもやしあんを作る

フライパンにサラダ油（分量外）を熱し、鷹の爪と牛肉を中火で炒めます。牛肉の色が変わったら、ニンジン→ピーマン→マッシュルーム→シイタケ→モヤシ→ニラの順番で入れて炒めます。野菜に火が通ったら、酒、醤油、砂糖、オイスターソース、鶏がらスープを加えます。最後に水溶き片栗粉を加え、とろみをつけます。塩・こしょうで味を整えます。

5. 仕上げる

皿にレバー竜田揚げをのせ、上にニラもやしあんをかけます。うずら卵、パセリを飾り付け、出来上がり。

Point

❶豚レバーは血抜きと臭み取りを忘れずに。
❷今回は豚レバーを使用しましたが、鶏や牛のレバーでも美味しいです。
❸レバーを揚げた後はスピード勝負です。あんは手早く作りましょう。
❹水溶き片栗粉は、炒めた具を寄せて空間を作り、スープだけのところに注いで下さい。スープと混ぜてから全体に馴染ませると、ダマが出来ません。

豆のエストファード

from のだめカンタービレ

ソフリートは、「海外版・野菜のだし」。
のだめが食べやすいように大豆を使った
親しみやすい味わいです。さすが千秋様！

材料　3〜4人分

ⓐタマネギ……小1個
ⓐニンジン……小1本
ⓐセロリの茎…・20cmほど
ⓐニンニク……1片
ⓐパプリカ（赤）……1個
ⓐオリーブオイル…・100cc
大豆（ドライパック）・・200g目安
ひよこ豆（ドライパック）
……80〜100g目安
ナス……2本
タマネギ……1個
チョリソー（ウィンナーで代用可）
……5〜6本
ローリエ（なくてもOK）・・1枚
ニンニク……1片
ソフリート……100cc
パプリカパウダー・・適量
水……700cc
塩・こしょう……適量

作り方

1. ソフリートの準備をする

ⓐの野菜を全て細かくみじん切りにします。フードプロセッサーがある場合は使用して下さい。

2. 野菜をオイル煮する

フライパンにオリーブオイルを注ぎ温めます。みじん切りにしたⓐの野菜を入れ、焦げ付かないようにかき回し、弱火で煮ます。

3. ソフリートの仕上げる

小一時間煮て、野菜がオリーブオイルに染み、ペースト状になったらソフリートの完成です。途中、焦げ付いてしまいそうな時はオリーブオイルを継ぎ足して下さい。余ったソフリートは冷凍保存可能です。

4. エストファードを作る

ナス、タマネギ、チョリソー、ニンニクは適当な大きさに切り分けます。鍋に大豆、ひよこ豆をいれて、水をひたひたに注ぎ、火にかけます。沸騰したら、ナス、タマネギ、チョリソー、ニンニク、ソフリート、パプリカパウダーを加えます。

5. 煮る

再度沸騰したらローリエを加え、弱火でコトコトと１時間～２時間煮ます。塩・こしょうで味を整え、出来上がり。

Point

❶色味に赤が足りない場合は、パプリカを追加するかトマト缶を100ccほど足します。

❷豆の種類はお好みで調整して下さい。ミックスビーンズやインゲン豆でも美味しく頂けます。

❸ナスは煮込むと見た目が損なわれるので、気になる場合は別途焼いたナスを用意して最後に加えて下さい。

主人公ペペ・ベネンヘリのように、出来上がったらまずは手でつまんで、丸ごとパクリといってみるべき!?

茄子のアサディジョ漬け

from 茄子 アンダルシアの夏

材料 2～3人分

小茄子……10～15個
ニンニク……3片
白ワイン……大さじ1
酢……大さじ1
水……300cc目安
オリーブオイル……適量
塩……大さじ1/2
砂糖……大さじ1
ブラックペッパー(粉末こしょうで代用可)・・10粒(粉末は小さじ1)
ローリエ……1枚
輪切り唐辛子……小さじ1/2
オレガノ(ない場合は入れなくてもOK)・・小さじ1/4
チリパウダー……適量

Point

❶保存瓶やタッパーに注ぐ時は、ニンニクや唐辛子、漬け汁も一緒に。よく味が染みます。
❷出来上がってすぐは小茄子に味が染みていないので、必ず一晩以上は寝かせましょう。
❸保存性を重視する場合は、オリーブオイルをたっぷりと注ぎます。

作り方

1. 小茄子を洗う

小茄子を洗い、痛んでいるところや硬い部分は切り取ります。タワシなどで紫の色をこすり落とします。ザルにあけて、水気を切ります。

2. 下準備をする

小茄子の中心に、箸で底から穴を開けます。ニンニクは皮をむき、芽をとってスライスします。

3. 茹でる

鍋に小茄子を敷き詰め、ひたひたになるくらいの水を注ぎ火にかけます。

4. 味付けをする

沸騰したらオリーブオイル以外の材料全部を入れて中火で10分煮ます。一度かき混ぜてもう10分煮ます。

5. 仕上げる

火からおろして冷まします。粗熱が取れたら保存瓶などに入れ替え、上一面にオリーブオイルをかけます。冷蔵庫で最低一晩寝かせて、出来上がり。

パン屋のおソノさん特製ミルク粥は、
お米ではなくパンで作りましょう！
風邪の人のお腹にも優しい一品です。

おソノさんのミルク粥

from 魔女の宅急便

材料　2～3人分

食パン・・・・・・2枚
ジャガイモ・・・・・・2個
牛乳・・・・・・400cc
チーズ・・・・・・30g
バター・・・・・・10g
水・・・・・・300cc 目安
ショウガ・・・・・・スライス1枚
ニンニク・・・・・・おこのみで
パセリ・・・・・・おこのみで
塩・こしょう・・・・・・適量

Point

❶切り落とした耳は、細かくさいの目に切って低温のオーブンでじっくり焼くとクルトンになります。100℃以下で最低2時間加熱して下さい。
❷ニンニク、ショウガを入れなくても美味しく出来ます。
❸茹でる時間、煮る時間によって柔らかさは異なります。お好みで時間を調整して下さい。

作り方

1. 材料を切る

食パンは耳を切り落として一口大、ジャガイモは細かくさいの目に切ります。

2. 茹でる

鍋にジャガイモ、ショウガを入れて水を注ぎ、沸騰させます。水はジャガイモがひたひたになる量を注いで下さい。

3. 味付けをする

牛乳を注ぎ、バター、ニンニクを入れてひと煮立ちさせます。食パンとチーズを入れて軽くかき混ぜ、塩・こしょうで味を整えます。とろとろに煮えたら出来上がり。お皿によそう時、おこのみでパセリ、こしょうを振って下さい。

ステーキ皿で雰囲気UP!
デミグラスソースとチーズが
たっぷりの熱々を召し上がれ。

にんじんステーキ

from ウサビッチ

材料 2〜3人分

●デミグラスソース

ケチャップ……大さじ2
ウスターソース……大さじ2
赤ワイン……大さじ2
醤油……大さじ1
砂糖……大さじ1
バター……10g

●にんじんステーキ

ニンジン……1本
デミグラスソース……上記分量
スライスチーズ……2枚
春菊(水菜などで代用可)……適量
塩・こしょう……適量

Point

❶デミグラスソースは小鍋を使わずに電子レンジで加熱しても。ただし、加熱のしすぎに注意です。
❷チーズが焦げ付きそうな場合は、火を弱めるか大さじ1程度の水を注いで下さい。
❸蒸してから焼くと、ニンジンはびっくりするほど甘くなります。

作り方

1. デミグラスソースを作る

バター以外の材料を混ぜ合わせます。小鍋に入れて、赤ワインのアルコールが飛ぶまで火にかけます。沸騰したら火を止め、バターを落とし入れて出来上がり。

2. ニンジンを蒸す

ニンジンを皮ごとよく洗い、水気を切らずに皮ごとラップでくるみます。500Wの電子レンジで5分加熱し、ニンジンを取り出して冷まします。触れる温度になったら、ニンジンのへた部分に包丁を入れて、穴を開けます。粗熱をとったら、薄皮をむきます(手で簡単にむけます)。

3. ニンジンを焼く

フライパンにオリーブオイル(分量外)を十分に熱し、ニンジンの表面を中火でこんがり焼き、塩・こしょうをまぶします。スライスチーズをのせ、とろけてきたらデミグラスソースをかけます。デミグラスソースが煮立ったら、火を止めお皿によそいます。穴を開けたニンジンのへた部分に春菊を差し込み、出来上がり。

キキが悪戦苦闘するホットケーキ。
手作りのホットケーキミックスで
何度も挑戦！

JIBULI NO HOT KIKI

from 魔女の宅急便

材料　2〜3人分

ⓐ薄力粉・・・・・・150g
ⓐベーキングパウダー・・・・・・小さじ2
ⓐコーンスターチ・・・・・・大さじ1
ⓐ粉砂糖（砂糖で代用可）・・・・・・40g
ⓐシナモンパウダー・・・・・・適量
ⓐ塩・・・・・・ひとつまみ
卵・・・・・・1個
牛乳・・・・・・150cc
バニラオイル・・・・・・1〜2滴

作り方

1. ホットケーキミックスを作る

ⓐの材料全てをボウルに入れます。木べらや泡立て器で、全ての粉が均等になるようによく混ぜます。これでホットケーキミックスは完成。

2. ホットケーキのタネを作る

出来上がったホットケーキミックスに、卵、牛乳、バニラオイルを加えてさっくり混ぜます。混ぜすぎると膨らみにくくなるので注意しましょう。

3. 焼く

フライパンを十分に熱し、一旦火を止めます。ホットケーキのタネをお玉ですくい、フライパンの中央に高い位置から注ぎます。注いだらすぐに火をつけ、中火で3分焼きます。ひっくり返して蓋をして、2分ほど焼いて出来上がり。

Point

❶粉を混ぜ合わせる時に、飛び散らないように注意して下さい。
❷ホットケーキミックスをすぐに使わない場合は、密封容器に乾燥剤と一緒に入れて冷蔵庫で保存して下さい。
❸焼き時間は目安です。火力によって異なるので、様子を見て調整して下さい。

COLUMN 04
舞台裏

大学在学中に構想を練り始めたビストロ・アニメシ。
卒業とほぼ同時にスタートしたブログは、築20年の単身者用1Kで調理・撮影を行っていました。
生活スペース兼仕事場ということで、ものが所狭しと並ぶ中、印象深かった出来事を時系列でご紹介致します。

実際に暮らしていた築20年単身者用1K。

「エアコンなし。真夏のアンパンマン作り」

室内にはエアコンが設置されていたものの、利き目が弱く、細かい調節が出来ません。
そんな中、私は何を血迷ったのか、真夏に餡を2kg使用する大きなアンパンマンを作る予定を立ててしまったのです。
オーブンレンジに発酵機能がない為、室温を発酵に最適な温度に保持しなければなりません。つまり、エアコンを利かせることが許されない状況だったのです。真夏の蒸し暑い日に重いパン生地をこねたり成形する作業は、想像を絶するものでした。自分の汗で滑りそうになりながら、無言でパンを台に延々と叩き付ける殺伐とした空気。無事に発酵し、オーブンにアンパンマンが入っている光景も印象的でした。

「傷だらけのテーブル」

日常使いしていたテーブルをそのまま撮影に使っていたので、時間が経つにつれ傷がちらほら目立つようになりました。
新しいテーブルを購入したいけれど、理想のデザインのテーブルの値段には手が届かない現実。見栄っ張りな私は、木の板を傷だらけのテーブルに敷いて、あたかも「木製のテーブルを使っている」ように見せることを思い付いたのでした。撮影したものを改めて見ると、テーブルではなく板だというのが写真によっては分かってしまうのですが、当時は大満足。板を用いた撮影が、1年以上続いたのでした。

「午前4時に出来立てキッシュ」

ブログを始めて1年ほど経つと、料理が楽しくて仕方ないという状況になりました。元々、興味のあるものには時間を忘れてしまう性格なので、生活リズムは大変なことに。
昼間にアルバイトをし、夕方に帰宅。そこからレシピを考案し、食材調達・調理を行います。なるべく計画的に、細かくスケジュールを立てはするのですが、どのアニメの料理を再現するか決めかねて予定が押してしまったり、とても良い料理を発見して「これをすぐに作りたい！」となったりで、調理と撮影が深夜までかかることも何度かありました。
翌日のことを考え、午前2時までに終えるように努めていましたが、キッシュ作りはパイ生地から始めた為、試食する頃には夜明け。
作業でくたくたで、お腹は減っているものの、さすがに早朝にクリーミィなキッシュはヘビー。とても美味しかったのですが、味よりも「午前4時にキッシュを食べることが人生で起こる」ことに驚きを隠せませんでした。

5

Bistro
ANIMESHI

第5章　デザート・菓子

おやつの時間が待ち遠しくなる！

キレネンコのキャロットケーキ

from ウサビッチ

ピンク色のクリームは、
クリームチーズを使って
独特のトロ〜リ感を再現しましょう。

材料

外径110×高さ45m
の丸型1個分

ⓐニンジン……中1/2本
ⓐハチミツ……25g
ⓐ砂糖……25g
サラダ油……40g
薄力粉……100g
重曹……小さじ1/2
ベーキングパウダー‥小さじ1/2
アーモンドプードル‥大さじ1/2
卵……1個
シナモン……適量
ナツメグ……適量
ⓑニンジン……中1/2本
ⓑ砂糖、ハチミツ‥小さじ1
ⓑバター……大さじ1/2
生クリーム……25g
クリームチーズ……50g
ストロベリーソース
(ストロベリージャムで代用可)‥25g
食紅……適量
絹サヤ(緑色の紙で代用可)
……適量

作り方

1. 生地の準備をする

ⓐのニンジンは、皮をむいてすりおろし、ⓐのハチミツ、サラダ油を加えて混ぜます。薄力粉、重曹、ベーキングパウダー、アーモンドプードルは合わせて1〜2回ふるいます。

2. スポンジケーキを作る

ボウルに卵とⓐの砂糖、シナモン、ナツメグを入れ、湯煎にかけながら泡立てます。白っぽくもったりとしたら、ハチミツとサラダ油を混ぜた1のニンジンを3〜4回に分けて混ぜます。ふるった粉類を加えてさっくりと混ぜ合わせ、サラダ油（分量外）を塗った型に生地を流し込んで、170℃のオーブンで30分焼きます。

3. ニンジンのグラッセを作る

ⓑのニンジンは皮をむき、飾り用の大きいものと中に入れる小さいものに切り分けます。耐熱容器にⓑの材料全てと共にを入れラップし、600Wの電子レンジで1分半ほど加熱します。軽く全体を混ぜたら、ラップを外し600Wで2分加熱します。

4. クリームチーズフロスティングを作る

常温に置いて柔らかくしたクリームチーズとストロベリーソースを混ぜます。色味が足りない場合は、食紅を加えます。最後に泡立てた生クリームを加え、さっと混ぜ合わせます。

5. 飾り付けをする

スポンジケーキを横半分にスライスし、丸型一つから1ピース（2段分）を三角形に切って抜き出します。クリームチーズフロスティングとニンジングラッセをデコレーションします。飾り用のグラッセをのせ、絹サヤを葉に見立てて刺せば出来上がり。

Point

❶絹サヤはさっとゆがいて色鮮やかにすると見栄え良くなります。

冷やし白玉シロップ

from 3月のライオン

梅シロップは材料も作り方もシンプル。
じっくり熟成されて
琥珀色になる変化を楽しんで。

材料

8人分　※梅シロップは800ccほど出来上がります

青梅……1kg
氷砂糖(砂糖で代用可)……1kg
瓶(密閉保存できるもの)‥1ℓ容量のもの
白玉粉……50g
水……35cc
乾燥ブラックタピオカ(赤エンドウ豆で代用可)……適量
氷水……適量
出来上がった梅シロップ(梅ジュースで代用可)……適量
ミルクティー……適量

作り方

1. 梅シロップの準備をする

瓶は煮沸消毒し、アルコールをつけた布巾で拭いておきます。青梅はへたを爪楊枝でとり、水洗いします。清潔な布巾で表面を拭きます。

2. 梅を漬け込む

消毒をした瓶に、氷砂糖と青梅を交互に入れます。蓋をし、冷暗所で保存します。1日に1回は瓶を揺すって中身を混ぜます。漬け始めて1ヶ月経過したら、中の梅を取り出します。

3. タピオカを茹でる

鍋にたっぷりのお湯を沸騰させ、乾燥ブラックタピオカを茹でます。1時間ほど茹でたらザルにあけ、水で冷やします。

4. 白玉をこねる

ボウルに白玉粉を入れ、水を少しずつ加えて耳たぶくらいの柔らかさにします。一口大よりも少し小さめにちぎり、一つずつ丸めます。

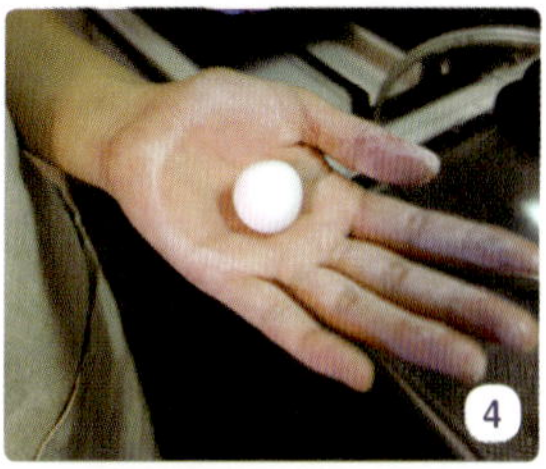

5. 白玉を茹でる

鍋にたっぷりの水を沸騰させ、白玉を茹でます。白玉が茹で上がったら取り出し、氷水で身を締めます。器に白玉とブラックタピオカを入れ、出来上がった梅シロップか、おこのみでミルクティーを注ぎ、出来上がり。

Point

❶梅シロップは漬け始めて3週間後から飲めます。冷蔵庫で保存し、半年程度で飲みきって下さい。

銭婆謹製紅茶のバタークリームケーキ

from 千と千尋の神隠し

神々の世界に迷い込み、心の安らぐ場所がなかった千尋を、
初めて温かく迎えてくれたのは銭婆でした。
ほのかに香る紅茶と、懐かしいバタークリームがポイント。

材料

直径18cmの
丸型１ホール分

ⓐ卵……Ｍサイズ３個
ⓐバター……20g
グラニュー糖……90g
薄力粉……90g
コーンスターチ……10g
牛乳……大さじ１
アールグレイの葉
……ティーバック２袋分（5g目安）
ⓑ卵……Ｍサイズ１個
ⓑバター……100g
粉糖……40g
バニラビーンズ（バニラエッセンスで代用可）
……適量

作り方

1. 紅茶ケーキを作る その1

ⓐのバターは牛乳と共にボウルに入れ、湯煎して溶かします。薄力粉とコーンスターチは合わせてふるいます。別のボウルにⓐの卵とグラニュー糖を入れて混ぜます。ボウルを湯煎にかけながら、白っぽくもったりするまで泡立てます。

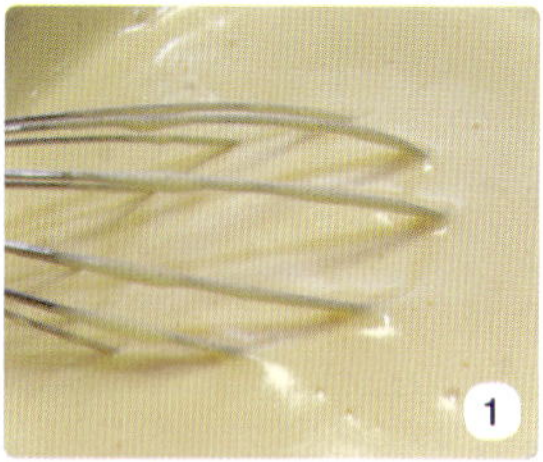

2. 紅茶ケーキを作る その2

卵とグラニュー糖のボウルにふるった薄力粉とコーンスターチを、2～3回に分けてさっくり加えます。湯煎しておいたバターと牛乳、茶葉も2～3回に分けてさっくり混ぜあわせます混ぜたものをボウルに戻し入れ、さっくり混ぜあわせます。

3. 紅茶ケーキを作る その3

生地を型に注ぎ、180℃のスチームオーブンで30分焼きます。焼き上がったら、30cmくらい上から型ごと落として、焼き縮みを防ぎます。型から外し、上面を下にしてケーキクーラーで冷ました後、ラップに包んで休ませます。

4. バタークリームを作る

ボウルにⓑの卵の卵白を入れて泡立てます。数回に分けて粉糖を加え混ぜ、しっかりしたメレンゲになるまで混ぜます。常温に戻したⓑのバターにメレンゲを数回に分けて加え、クリーム状になるまで混ぜます。バニラビーンズと卵黄を最後に加え、バタークリームの出来上がり。

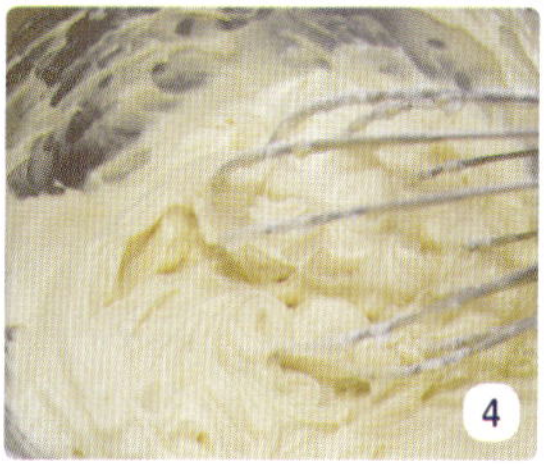

5. 仕上げる

粗熱を取ったケーキの上面と側面に、バタークリームを塗ります。塗り終えたら、ナイフで撫でて外観を整えます。冷蔵庫に入れてバタークリームを冷やし固めて出来上がり。

Point

❶ふんわりとしたケーキのコツは、とにかく卵を泡立てることです。
❷茶葉はほんのりと香る程度の量なので、おこのみで追加して下さい。
❸スチーム機能のないオーブンの場合は、水を入れた耐熱皿をケーキ型の横に置き、一緒にオーブンへ。

育子ママのレモンパイ

from 美少女戦士セーラームーン

うさぎちゃんのママはレモンパイが大得意！
レモンカードとレモンの皮を用いて、
キュートなデコレーションを施しましょう。

材料

18cm丸型タルト
1皿分

レモン……1個
レモンの皮……1個分
卵……1個
バター……50g
ⓐグラニュー糖……50g
コアントロー（ラムエッセンスで代用可）
……適量
レモン汁……小さじ2
ⓑグラニュー糖……15g
卵白……1個分
冷凍パイシート……1～2枚

作り方

1. レモンカードを作る

レモンの皮をすりおろし、卵は溶いてザルで漉します。レモンの皮は飾り付けにも使用するので、1/4 ほど残します。ボウルにすりおろしたレモンの皮、卵、バター、ⓐのグラニュー糖、コアントローを入れます。湯煎にかけ、カスタードクリームのようにもったりと重くなるまで混ぜます。湯煎からおろし、粗熱を取ります。

2. パイ生地を焼く

パイシートを冷蔵庫で柔らかく戻し、麺棒で薄く伸ばし、タルト型にはまる大きさにします。型からはみ出た部分は切り落とし、縁にフォークで飾りをつけます。底が膨らまないように、フォークで穴を開けます。200℃に温めたオーブンで 15 分ほど焼きます。焼き色を見て焼き時間を調整して下さい。

3. フィリングを作る

ボウルに卵白を入れ、泡立てます。全体に白くなったらⓑのグラニュー糖、レモン汁を加えます。ツノが立つまで泡立てたら、フィリングの出来上がり。

4. 仕上げる

パイ生地にレモンカードを入れ、冷蔵庫で冷やし固めます。飾り用に少量残して下さい。レモンカードが固まったら、その上にフィリングをのせ、スプーンやナイフで形を整えます。レモンカードとレモンの皮で飾りを作り、出来上がり。

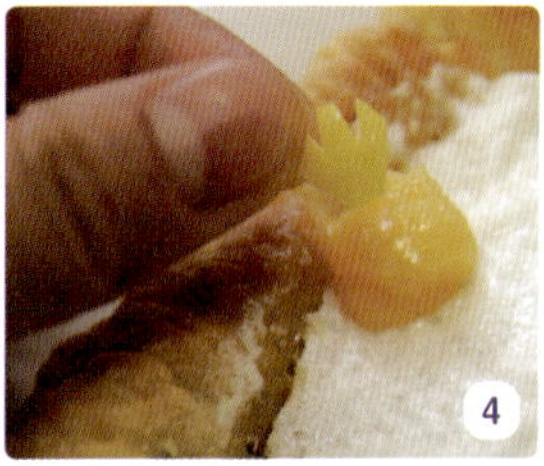

Point

❶レモンカードは冷めると硬くなるので、冷蔵庫で冷やすのは仕上げの際のみにして下さい。
❷フィリングをのせた後に、オーブンで焼き色をつけるとまた美味しいですが、焦げやすいので要注意です。
❸レモンカードは消毒した瓶に入れて冷蔵保存可能です。1 週間ほどで使いきって下さい。

キキのためのチョコレートケーキ

from 魔女の宅急便

奥様からの贈り物、チョコレートケーキ。
難易度は高いですが、作る度に上達します。
可愛らしく施すデコレーションがポイント。

材料

18cm丸型ホール分

薄力粉……80g
強力粉……80g
卵……6個
ⓐ板チョコ……160g
バター……160g
砂糖……160g
生クリーム……200cc
ⓑ板チョコ……200g
アプリコットジャム……適量
ラム酒……適量
デコレーション用チョコレートペン（白色）……2本
デコレーション用チョコレートペン（緑色／赤色）……各1本

作り方

1. 生地を作る その1

卵は卵黄と卵白に分けます。ボウルにバターを入れ、クリーム状になるまでかき混ぜます。砂糖の半量を加え、全体が白っぽくなるまでかき混ぜます。卵黄を1個ずつ加えて、湯せんで溶かしたⓐの板チョコを入れて混ぜます。

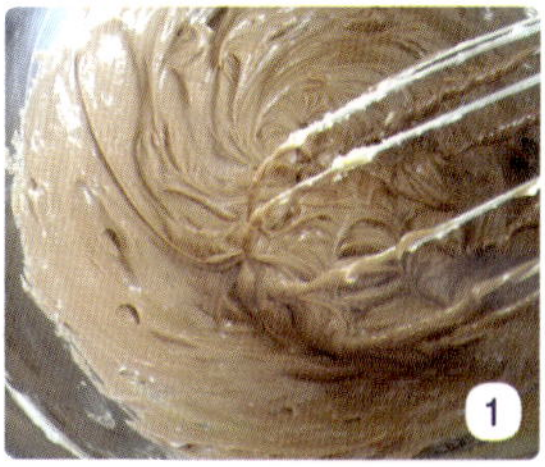
1

2. 生地を作る その2

別のボウルに卵白を入れ泡立て、メレンゲを作ります。泡立ての途中で、残りの砂糖を入れてツノが立つまで固く泡立てます。バターとチョコレートを混ぜた1のボウルに、メレンゲの1/3を入れさっくりと混ぜ合わせます。薄力粉と強力粉の半量、残りのメレンゲの半量、残りの薄力粉と強力粉、残りのメレンゲの順に、ボウルに加えその都度さっくりと混ぜます。

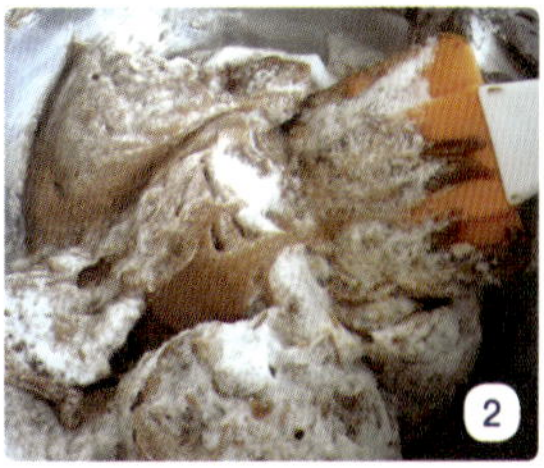
2

3. 生地を焼く・コーティングの下準備をする

バター（文量外）を塗った型に生地を流し、180℃のオーブンで30～40分焼きます。生地を焼いている間に、アプリコットジャムを裏ごしします。裏ごししたアプリコットジャムにラム酒を加えて弱火にかけ、とろみがついたら火を止めます。生地が焼き上がったら熱いうちに型から出し、刷毛でアプリコットジャムを上面と側面に塗ります。

3

4. グラサージュを作る

鍋に生クリームとⓑの板チョコを入れて弱火にかけます。あまり空気を含ませないように全体を混ぜ、チョコレートが溶けきったらグラサージュの完成。焼いた生地の上から、グラサージュを一気に流します。そのまま冷蔵庫で冷やし固めます。

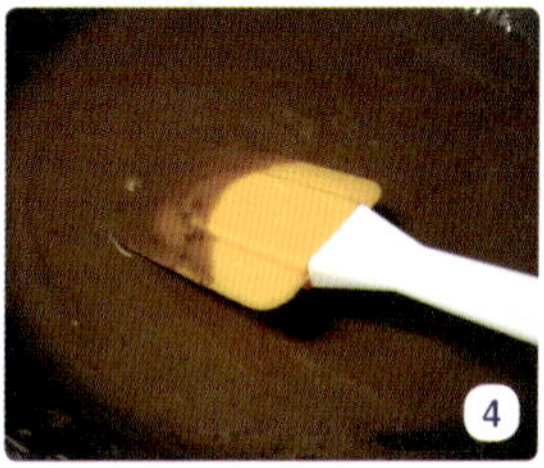
4

5. デコレーションする

絵柄を描いた紙にラップを敷き、チョコレートペンでなぞります。ラップごとチョコを冷やします。固まったチョコをフォークでパーツを持ち上げ、ケーキにトッピングして出来上がり。

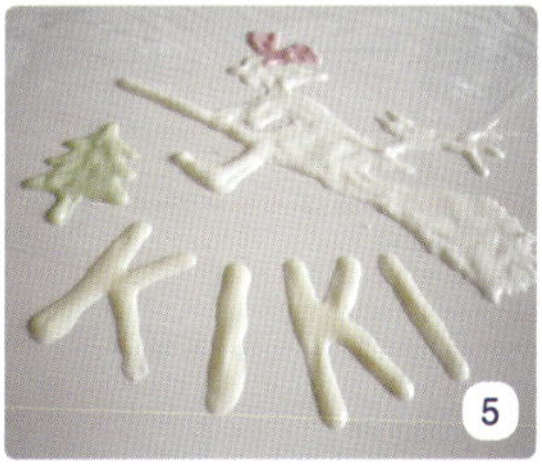

5

Point

❶メレンゲはしっかり固く泡立てましょう。
❷メレンゲと他の材料を混ぜる時は、混ぜきろうとせずに「さっくり」と。少し混ざりきっていないところがあっても気にしないのが、上手に膨らませるポイントです。
❸デコレーションのチョコレートが折れてしまったところがあれば、ケーキにのせてからなぞり書きしましょう。

レトロケーキ・シベリア

from 風立ちぬ

日が経つほどしっとり美味しくなります。
羊羹はあんこや水羊羹などに変えて、
一番のお気に入りを探してみましょう。

材料

15cm角の型
1台分

卵……Mサイズ4個
ⓐ砂糖……100g
強力粉……100g
みりん……50g
ザラメ……適量

こし餡……200g
ⓑ砂糖……30g
粉寒天……3g
水……100cc

作り方

1. 下準備をする

型にクッキングシートを敷き詰め、ザラメを散らします。オーブンは 180℃に余熱します。

2. カステラの材料を泡立てる

常温に戻した卵とⓐの砂糖を、湯煎にかけながらハンドミキサーで 10 分ほど泡立てます。強力粉とみりんを加え、ハンドミキサーで 1 分ほど泡立てます。生地を型に流し込み、箸で生地を軽く混ぜて気泡を抜きます。

3. カステラを焼く

180℃に余熱したオーブンで 10 分焼き、150℃に下げて 50 分焼きます。焼き上がったカステラは、15cm の高さから型ごと落として焼き縮みを防いでから、型から取り出します。熱いうちに全体をラップで包み､逆さにして常温で 1 晩寝かせます。

4. カステラをカットする

パンナイフでカステラを横半分に切り、カステラがぴったり入る型に下半分を入れます。

5. 羊羹を作る

水と粉寒天を鍋に入れて沸騰させます。沸騰した鍋に、こし餡とⓑの砂糖を加え、木べらで混ぜながら弱火～中火で 2 分煮詰めます。火を止め 5 分ほど粗熱を取ってから、カステラの下半分が入った型に流し込みます。

5. 羊羹をカステラでサンドする

羊羹の表面を木べらで馴染ませ、カステラの上半分をのせます。ラップを被せ、冷蔵庫で冷やし固めます。パンナイフで適当な大きさに切り分け、出来上がり。

Point

❶カステラは常温で 3 ～ 4 日寝かせると、しっとりとします。
❷シベリアは常温保存して 2 ～ 3 日後が食べ頃です。

COLUMN 05

スタッフが美味しく頂きました

ビストロ・アニメシのレシピでは、巨大料理や奇抜な食材を用いた料理が登場する機会が多々あります。今回は、撮影が終わった後のそんな料理のお話。

＊

特に意識していなかったのですが、「こんな○○が現実に出来るわけがない」というものにこそ闘志が湧き、気がつけば大人の頭ほどの大きさのアンパンマンを焼いたり、巨大な団子を蒸して串刺し、剣にしたり、全長1メートルのイカでイカメシを作ったり……しばしば、料理の域を超えることが起きるようになりました。

そんな「実験」に近い料理ですが、料理は料理、食べ物は食べ物です。ぞんざいに扱うことがあってはなりません。

たまに友人が訪れることもありますが、基本は一人で食べ切ります。勿論、一度では食べきれないので、まずは冷凍し、未来の自分に託します。

時に大失敗し、「これは食べられたものじゃない」というものも、丸コゲや異臭という体に害がありそうな状態じゃない限り、捨てません。勿論それは、「食べものを捨てるなんて！」という感覚あってのものですが、一番の理由は、ただただ貧乏だからです。

収益を生まないアニメシを続ける為には、生きていく為にアルバイトをする必要がありました。アルバイトの時間を確保しつつ、アニメシを続ける「時間」と「材料費」も必要です。その為、稼いだお金のほとんどはアニメシに捧げ、最低限のお金で生きていくというギリギリな状況でした。

そんな台所事情なので、食料が底を尽くと必然的に残り物のアニメシに手が伸びる……という訳です。

「生活費を捻出するのにヒーヒー言ってるのに、何故手元にエスカルゴが!?」という、貧乏と裕福を行き来する食生活を2年ほど続けていました。

時には不安で押し潰されそうなこともありましたが、そんな時、ぽつんと座って巨大なアンパンマンやイカメシの残骸を食べている自分を客観的に見ると、「この状況って何!?」と笑えてきてしまうのでした。

ブログ開始当初は、作ったものをそのまま食べていましたが、料理をこなしていくにつれ、「○○に加工すれば、長持ちするし美味しく食べられる!」というように、アレンジも出来るようになりました。

今はやりくりが上達したこともあり、そこまで貧乏生活はしていません。失敗も減りました。ただ、「余裕がない時こそ楽しむ」という当時の気持ちは忘れずに、食べ物に敬意を払って調理を行い続けたいものです。

See You!

おわりに

ビストロ・アニメシの構想を始めた当時、私はただの学生でした。

料理は好きだけれど、毎日マメに自炊するほどでもなく、大学もごく普通の文学部。「好きなことを仕事にしたい」と思っても、一体どの職業が自分の好きなことに当てはまるのか分からず、モヤモヤと燻ぶっていました。
どうにかして動かなければと思いながらも、何をすれば良いのか分からず、時間だけが過ぎてしまいます。
当然、中途半端な気持ちでは就職活動もうまく行かず、「このままでいいのだろうか」と疑問を抱きながら毎日を過ごしていました。
「だったらいっそ、自分で独立した方が面白いんじゃない?」
近況報告を兼ねて相談をした知人に言われたこの一言が、全ての始まりでした。
もしかしたら冗談だったかもしれません。小娘が簡単に独立なんて出来る訳ないのですが、単純な私は、「そっか! それなら思う存分、自分の好きなことが出来る!」と腑に落ちてしまったのです。
とことん楽しい仕事をしたい。そんな単純明快な思いのもと、卒業後に私は日々実験のような料理をし、アニメや漫画への愛のこもった記事をブログで公開するようになるのでした。

本書は、そんな自分と同じように、料理すること、食べることを多くの方に思い切り楽しんで頂けるように、願いを込めて制作しました。
料理初心者の方が、この本をきっかけに料理を楽しんだり、料理をする方が、お気に入りの一品を増やすことになれば幸いです。
最後にビストロ・アニメシを応援して頂いた全ての方、企画をしていただいたスモール出版の山口信氏、そして両親に感謝します。

土谷 未希

土谷 末希（つちや みき）

1988年北海道生まれ。
ビストロ・アニメシオーナー
共立女子大学卒業後、「毎日楽しくDIY」という考えのもと、料理研究、執筆活動、料理アプリ監修などフリーで活動中。
コンテンツの一つであるビストロ・アニメシにて、生まれ持ったオタク気質が開花し、アニメの中に登場する料理を研究する「オタク料理研究家」となる。
料理の他、洋裁や工作など“毎日創る楽しみ”を研究分野として展開中。

著者紹介

スモール出版の本

『みんなで作るパクチー料理』

佐谷恭 & パクチーハウス東京

東京都世田谷区経堂にあるパクチー料理専門店・パクチーハウス東京が、パクチーをふんだんに使うご家庭で作れるレシピを紹介。お店で人気の定番メニューから、パクチーと日本全国名産品とのコラボメニューまで幅広く掲載した、パクチー好きのあなたに贈るお料理ブックです。

A5判並製／フルカラー／96ページ／ISBN 978-4-905158-08-0／本体1,500円（税抜）

『推理小説×ジグソーパズル　鏡の国の住人たち』

京都大学推理小説研究会

300ピースのジグソーパズルが付いた推理小説。小説と連動したジグソーパズルの謎を解くと、驚愕の真相が明らかに！
【本書の楽しみ方】推理小説の「問題編」を読む→謎の真相を解くため、推理しながら300ピースのジグソーパズルを組む→パズルの謎が解けたら、小説の「解決編」を読んで事件が解決！

商品パッケージサイズ 170×145×50mm（推理小説（64ページ）、300ピースジグソーパズル（26×38cm）、登場人物が描いたイラスト入り）／ISBN 978-4-905158-11-0／本体2,200円（税抜）

『大人が楽しい 紙ペンゲーム30選』

すごろくや

ボードゲームの専門店・すごろくやが、紙とペンといった身の回りのものだけでみんなが楽しめる秀逸なゲームを紹介。専門店ならではの視点で、小粋なゲームを30タイトル厳選しました。友達、グループ、家族、親戚……人が集まったら、この本が大活躍!! 時間も場所も選ばずに、今すぐゲームで盛り上がれます。

四六判／フルカラー／96ページ／ISBN 978-4-905158-07-3／本体1,400円（税抜）

『ボードゲームワールド』

小野卓也

国内最大のボードゲーム情報サイト「Table Games in the World」の小野卓也による著書。ボードゲームという趣味との深い関わり方、そしてそこに生きるボードゲーマーの世界の広がりを紹介。広く浅く網羅してゆくアプローチは捨て、余人が及ばない場所を深く掘り下げる、ボードゲーム好きがディープに楽しむためのガイドブック。

A5判／フルカラー／144ページ／ISBN 978-4-905158-09-7／本体1,900円（税抜）

スモール出版の最新情報はこちら → http://www.small-light.com/

Bistro
ANIMESHI

ビストロ・アニメシのレシピブック

あのアニメの料理が作れる！

発行日　2013年9月27日　初版第1刷発行

著者　土谷未希

企画・編集　山口信（スモールライト）

編集　中村孝司（スモールライト）、スモールライト編集部

ブックデザイン　大橋一毅（DK）

撮影　上杉瑠璃、土谷未希、スモールライト編集部

校閲　会田次子

ウェブディレクター 前田純

発行者　中村孝司

発行所　スモール出版
〒164-0003 東京都中野区東中野1-57-8 辻沢ビル地下1階
株式会社スモールライト
電話　03-5338-2360 ／ FAX　03-5338-2361
e-mail　books@small-light.com
URL　http://www.small-light.com/books/
振替　00120-3-392156

印刷・製本　シナノ書籍印刷 株式会社

※本書で紹介するアニメシは、著者の仮説のもとに再現したレシピです。

Printed in Japan
ISBN978-4-905158-12-7